Was ist los mit meinem Kind?

Bewegungsauffälligkeiten
und Wahrnehmungsstörungen bei Kindern

D1874516

Sabine Pauli · Andrea Kisch

Was ist los mit meinem Kind?

Bewegungsauffälligkeiten und Wahrnehmungsstörungen bei Kindern

Ravensburger Buchverlag

Sie haben sich dieses Buch gekauft, weil der hier behandelte Themenkreis Sie betrifft. Nach der Lektüre kennen Sie die tieferen Zusammenhänge und Beispiele zu deren Gestaltung.

Natürlich ist es unmöglich, für jede denkbare Situation ein konkretes Lösungsmodell vorzustellen. Deshalb wollen wir Sie auch nicht allein lassen, wenn bei Ihnen eine spezielle Frage zu diesem Buch offengeblieben ist. Unsere Lektorin Diplom-Sozialpädagogin Lorelies Scheiner ist gern bereit, Ihnen mit ihren Erfahrungen weiterzuhelfen oder Ihre Frage an die Autorinnen dieses Buches weiterzuleiten.

Schreiben Sie ihr einfach: Frau Lorelies Scheiner
Ravensburger Buchverlag – Redaktion Sachbuch
Marktstraße 22–26, 88212 Ravensburg

Die Deutsche Bibliothek – CIP-Einheitsaufnahme
Pauli, Sabine:
Was ist los mit meinem Kind? :
Bewegungsauffälligkeiten und Wahrnehmungsstörungen bei Kindern /
Sabine Pauli ; Andrea Kisch. – Orig.-Ausg., 5. Aufl. –
Ravensburg : Ravensburger Buchverl., 1996
ISBN 3-473-42745-4
NE: Kisch, Andrea:

7 6 5 98 97 96

5. aktualisierte Auflage
Originalausgabe
© Ravensburger Buchverlag 1992, 1996
Alle Rechte vorbehalten
Umschlagfoto und alle anderen Fotos: Ernst Fesseler
Umschlagkonzept: Kraxenberger Kommunikation, München
Umschlaggestaltung: Ekkehard Drechsel BDG
Gedicht Seite 6: aus „Befreite Bahnen“ von Dr. Paul E. Dennisonn.
Verlag für angewandte Kinesiologie, Freiburg
Gesamtherstellung Appl, Wemding
Printed in Germany
ISBN 3-473-42745-4

Inhalt

Wir danken unseren Freundinnen, Freunden, Kolleginnen und Kollegen und den Fotokindern für ihre Anregungen und ihre tatkräftige Unterstützung. Unser besonderer Dank gilt Aibe mit seinem Computer!

Dies ist für die Kinder, die anders sind;
Die Kinder, die nicht immer „Einser“ bekommen.
Die Kinder, die Ohren haben,
Zweimal so groß wie die der Altersgenossen.
Oder Nasen, die tagelang laufen.
Dies ist für die Kinder, die anders sind;
Die Kinder, die einfach aus dem Schritt sind,
Die Kinder, die alle hänseln,
Die Schnittwunden auf ihren Knien haben,
Und deren Schuhe ständig naß sind.
Dies ist für die Kinder, die anders sind;
Die Kinder mit einem Hang zum Schabernack,
Denn wenn sie erwachsen sind,
Die Geschichte hat es gezeigt,
Sind es die Unterschiede, die sie einzigartig machen.

DIGBY WOLFE

Einleitung

Aus unserer täglichen Arbeit mit bewegungsauffälligen und wahrnehmungsgestörten Kindern als niedergelassene Ergotherapeutinnen und aus den vielen Fragen, die uns in Elterngesprächen und Fortbildungen gestellt wurden, ergab sich die Notwendigkeit, vorwiegend für Eltern, aber auch für Fachleute, dieses Buch zu schreiben.

Es soll diesen Kindern helfen, daß Eltern und betreuende Personen deren Schwierigkeiten erkennen, diese besser verstehen und ihnen somit helfen können.

Der motorischen, geistigen und sozialen Normalentwicklung eines Kindes werden drei Kinder mit markanten Störungsbildern gegenübergestellt. So können Sie eine bessere Vorstellung von Bewegungsauffälligkeiten und Wahrnehmungsstörungen bekommen und Ähnlichkeiten zwischen Ihrem betroffenen Kind und unseren „Modellkindern" finden. Unsere Modellkinder heißen Martin, Philipp und Daniel.

Martin

ist ein bewegungsarmes und kraftloses Kind. Er ist ein stiller, etwas untersetzter Junge. Er spielt gerne allein in der Wohnung mit seinen Legos und ist dabei kaum zu hören. Schon immer galt er als einfaches, problemloses Kind.

Philipp

ist ein unruhiges und unkonzentriertes Kind. Er ist zappelig, kann nicht stillsitzen und ist ständig unterwegs. Er erkundet alles nur flüchtig und ist schon einen Augenblick später beim nächsten Spiel. Nur schwer kann er sich auf eine Sache konzentrieren. Am liebsten tobt Philipp draußen herum. Für seine Eltern ist er ein anstrengendes Kind, das mitunter gewaltig an den Nerven zerrt.

Daniel

ist ein gegen Berührung und Bewegtwerden überempfindliches Kind. Er hat mit den meisten seiner Handlungen große Probleme. So braucht er lange, bis er in die Ärmel seiner Jacke gefunden hat, und verdreht beim Anziehen häufig seine Schuhe. Schon als kleines Kind war er ungeschickt und vermied Bewegung jeglicher Art.

Über die Erklärung der benützten Fachbegriffe wird der Zusammenhang zwischen Bewegungsauffälligkeiten, Wahrnehmungsstörungen und Lernen dargestellt.

Sie erfahren, was Sie tun können, wenn Sie bei Ihrem Kind derartige Störungen vermuten.

Eine Übersicht über verschiedene Therapieangebote und Vorschläge, wie Sie Ihr Kind zu Hause unterstützen können, machen dies Buch zu einem praktischen Ratgeber.

Bewegen und eigenes Handeln sind die Grundvoraussetzungen zur Entwicklung der Intelligenz. Das Buch informiert über diesen Zusammenhang und erklärt, warum beispielsweise ein Kind mit Schreibstörungen erst grundlegende Bewegungs- und Sinneserfahrungen machen muß, bevor spezielle Übungen zur Verbesserung des Schreibens sinnvoll sind.

Anmerkung zur 5., überarbeiteten Auflage

Liebe/r Leser/in!

„Was ist los mit meinem Kind?“ geht nun in die 5. überarbeitete Auflage. Es ist für uns als Ergotherapeutinnen eine große Freude, daß dieses Buch solchen Anklang findet und sowohl bei Eltern als auch bei Fachleuten auf durchweg positive Resonanz stößt.

Es soll auch weiterhin Eltern und Fachleuten helfen, nicht nur Bewegungsauffälligkeiten, sondern auch Wahrnehmungsstörungen bei Kindern zu erkennen, um eine rechtzeitige Behandlung zu ermöglichen.

SABINE PAULI
ANDREA KISCH

Motorische, geistige und soziale Entwicklung von 0 bis 7 Jahre

Die kindliche Entwicklung verläuft in verschiedenen Stufen, die aufeinander aufbauen. Abweichungen in der Reihenfolge der Entwicklungsschritte und zeitliche Verschiebungen sind in einem gewissen Rahmen normal. Wichtig ist, daß alle Entwicklungsstufen durchlaufen werden und das Kind dabei ausreichend Erfahrung sammeln kann. Jedes Kind braucht unterschiedlich viel Zeit für die einzelnen Stufen. Ein gesundes Kind braucht nicht durch spezielle Übungen in seiner Entwicklung gefördert werden. In einer liebevollen, kindgerechten Umgebung holt es sich selbst alle Anregungen, die es für seine Entwicklung braucht. Es ist nicht gut, wenn Sie versuchen, das individuelle Entwicklungstempo Ihres Kindes zu beschleunigen.

Sie sollten mit Ihrem Kind regelmäßig die Vorsorgeuntersuchungen bei der Kinderärztin oder beim Kinderarzt wahrnehmen. Sie/er ist in der Lage, die Qualität der kindlichen Bewegungen, Handlungen und Verhaltensweisen richtig zu beurteilen und Entwicklungsverzögerungen und Bewegungsstörungen festzustellen. Nur Kinder mit solchen Auffälligkeiten brauchen spezielle Förderangebote.

Um Ihnen die Möglichkeit zu geben, Ihr Kind genauer zu beobachten, wird im folgenden Kapitel eine durchschnittliche Kindesentwicklung dargestellt. Im nächsten Kapitel werden dieser Normalentwicklung drei beispielhafte Störungsbilder der kindlichen Entwicklung gegenübergestellt.

Nach einer normalen Schwangerschaft und einer komplikationslosen Geburt durchläuft Ihr Kind folgende Entwicklung (individuelle Abweichungen von unserer beschriebenen Kindesentwicklung sind in einem gewissen Rahmen normal, etwa 2–3 Monate):

1 Monat

Ihr Säugling trinkt gut an der Brust und schläft sehr viel. Er liegt gern auf Rücken, Bauch und Seiten. Auf dem Bauch liegend, kann er den *Kopf anheben* und zur anderen Seite drehen. Er liebt es, wenn Sie mit ihm schmusen, ihn tragen und schaukeln *(Lageveränderung)*.

Seine *Massenbewegungen* sind weitgehend durch Reflexe bestimmt. Sie erscheinen Ihnen unkoordiniert und nicht zielgerichtet.

Seine Hände hält er meist gefaustet. Beine und Arme werden gebeugt gehalten. Wenn Ihr Säugling erschrickt oder plötzlichen, unerwarteten Reizen ausgesetzt wird, wie grellem Licht oder kalter Luft, zuckt er in reflektorischer Abwehrhaltung zusammen.

Bei Berührung im Mundbereich setzt reflektorisch die *Suchreaktion*, bestehend aus Kopfdrehen, Saugen und Schlukken ein *(Saug- und Schluckreflex)*. Wenn Ihr Säugling seine Hände zufällig zum Mund bringt, saugt er heftig daran.

Er fixiert das Licht einer Taschenlampe und verfolgt es ein wenig nach rechts und nach links.

Sein Leben besteht vorwiegend aus Nahrungsaufnahme, Ausscheidung, Schlafen und dem Bedürfnis, von Ihnen Geborgenheit und Liebe mit viel *Körperkontakt* zu empfangen.

2 Monate

Ihr Säugling ist nun schon etwas munterer. Er schläft nicht mehr ganz soviel. Er sieht im Abstand von ca. 30 cm scharf. Dies entspricht der Entfernung eines Kindes beim Stillen zum Gesicht der Mutter.

Ihr Säugling hört auf Geräusche und schaut in die Richtung *(Richtungshören)*, aus der er angesprochen wird. Er folgt mit den Augen einer Rassel, die vor seinem Gesicht hin- und herbewegt wird.

Wenn er sich wohl fühlt, zeigt er das umwerfende „Engelslächeln". Er entwickelt seine *Mimik* und zieht die tollsten Grimassen. Ihr Säugling *strampelt symmetrisch* und bewegt sich lebhafter.

Seine Hände bringt er sicherer zum Mund und saugt daran *(Hand-Mund-Koordination)*. Er kann einen Finger oder ein Spielzeug umklammern, aber nicht willkürlich wieder loslassen *(Greifreflex)*. In Bauchlage kann er seinen Kopf kurz bis 45 ° anheben. Wenn er gut trinkt, braucht er ca. alle drei Stunden die Brust.

Seine *Stimme* zeigt jetzt schon deutlicher, was ihm fehlt: Hunger, Bauchweh, Einsamkeit, Langeweile ...

3 Monate

Ihr Säugling entwickelt sich nun rasant. Er wächst schnell und übt ständig seine Körperbewegungen. Er kann jetzt den *Ellbogen-Unterarmstütz*. (Die Ellbogen befinden sich hierbei unter den Schultern.) In Rückenlage kann er den Kopf mindestens eine Minute in der Mitte halten und ihn frei nach beiden Seiten drehen *(Kopfkontrolle)*. Zieht man ihn aus der Rückenlage an den Händen hoch, beginnt er, den Kopf mitzunehmen.

Er hält jetzt fest, was man ihm in die Hand gibt, und kann den Gegenstand auch willkürlich wieder loslassen *(Aktives Greifen)*. Seine Hände sind überwiegend geöffnet. Er bringt die Hände über der Brust zusammen, betrachtet sie und greift nach Spielsachen, die über ihm hängen.

Er beginnt, beweglichen Objekten nachzuschauen, verfolgt

Personen mit den Augen, *lauscht* verstärkt auf Geräusche und versucht, deren Quelle zu finden. Tastet er etwas Interessantes, versucht er, sich auch dort hinzuwenden.

Ihr Säugling hat seine Stimme entdeckt: *Lautäußerungen* wie Blasen machen aus Spucke, Rrrr-Ketten, Schnalzen und Lachen sind zu hören. Die Reflexe im Mundbereich verschwinden langsam, deshalb verschluckt sich Ihr Säugling jetzt vorläufig vermehrt. Er kann die Zunge nun zwischen die Lippen bringen.

4 Monate

Ihr Säugling kann jetzt sicher den Kopf mitnehmen, das heißt, dieser kippt nicht mehr nach hinten, wenn Sie ihn aus der Rückenlage an den Händen hochnehmen. Mit 4 ½ Monaten kann er einseitig den Ellbogen-Unterarmstütz halten.

Er spielt mit beiden Händen und betrachtet diese dabei. Ihr Säugling greift mit beiden Händen nach Spielsachen. Er beobachtet gespannt, wie er selbst Geräusche mit der Rassel erzeugen kann. Er steckt alle Gegenstände in den Mund und sammelt dabei viele Tast- und Geschmackseindrücke. Er lächelt und zeigt deutlich unterschiedliche Stimmungen.

Sein Lächeln ist nicht mehr zufällig, sondern Ausdruck von Freude *(Soziales Lächeln)*. Er freut sich sichtbar, wenn Sie sich ihm zuwenden. Ihr Säugling beginnt, seine Mundbewegungen willkürlich zu steuern.

Sofern Ihr Säugling einen Schnuller nimmt, kann er damit mit der Zunge spielen.

Zugefütterter Brei wird größtenteils mit der Zunge wieder herausgestoßen. Er verschluckt sich noch oft und akzeptiert das Essen vom Löffel nicht so recht.

Ihr Säugling erzeugt nun neue Laute und Silben wie i, l, u, ba, ga *(Silbenbildung)*.

5 Monate

Er kann in Bauchlage sein Gewicht auf einen Arm verlagern und mit der anderen Hand gezielt nach einem Spielzeug greifen. Oft „schwimmt" er, das heißt, er hebt Arme und Beine gleichzeitig hoch *(Gewichtsverlagerung)*.

Er *rollt* sich von der *Bauch- in die Rückenlage*. Wenn Sie ihn an den Händen hochziehen, winkelt er seine Arme an.

Ihr Säugling will jetzt alles sehen und begreifen im Sinne von anfassen und dadurch verstehen lernen, kann aber Entfernungen noch nicht richtig einschätzen *(Aktives Tasten)*. Er streckt seine Hände auch nach unerreichbaren Dingen aus und ärgert sich, wenn er sie nicht ergreifen kann. An seiner Stimme können Sie jetzt verschiedene Stimmungen deutlich erkennen.

Ihr Säugling probiert viele unterschiedliche *Mund- und Zungenbewegungen* aus.

Er kann die Nahrung nun gut vom Löffel nehmen. Er produziert rhythmische *Silbenketten* wie dada, gaga.

6 Monate

Ihr Kind *dreht* sich jetzt aktiv von der *Rücken- in die Bauchlage* und umgekehrt. In Bauchlage stützt es sich auf die geöffneten Hände *(Handstütz)*. Es kann Brust und Bauch etwas von der Unterlage abheben. Becken und Unterschenkel liegen noch auf der Unterlage auf.

In Rückenlage spielt es mit seinen Füßen *(Hand-Fuß-Koordination)*. Seine Hände werden immer geschickter, und es kann ein Spielzeug von der einen Hand in die andere geben. Ergreift es einen zweiten Gegenstand, läßt es den ersten fallen. Dies passiert, weil beide Hirnhälften noch nicht genügend zusammenarbeiten. Ihr Kind hält sein Spielzeug fest und ärgert sich, wenn es ihm weggenommen wird.

Es macht jetzt viele sinnliche Erfahrungen; wie sich verschiedene Materialien anfühlen, Dinge riechen und schmecken und welche Geräusche sich mit ihnen erzeugen lassen *(Materialerfahrung)*. Ihr Kind beobachtet jetzt gebannt Ihre Gebärden und Bewegungen.

Seine Silbenketten lassen einen deutlicheren Rhythmus erkennen. Es „spielt" mit Silben.

7 Monate

Ihr Kind möchte nun gern im Sitzen gehalten werden. Es streckt die Arme aus, um hochgenommen zu werden. Nur zum Füttern sollten Sie es auf dem Schoß sitzend halten. Erst, wenn es sich selbst hinsetzen kann, ist seine Rumpfmuskulatur stark genug ausgeprägt, daß Sitzen seiner Wirbelsäule nicht schadet.

Die Bauchlage ist die Position, aus der sich Fortbewegung entwickelt. Deshalb sollte Ihr Kind viel in Bauchlage auf dem Boden liegen. Zu frühes Sitzen und das Liegen in Babywippen verhindern, daß Kinder genügend Muskelkraft aufbauen, um später gut krabbeln zu können.

Ihr Kind kann sich jetzt gut drehen. Es versucht, über das Rollen an begehrte Gegenstände heranzukommen und kann sich in Bauchlage *nach hinten wegschieben*. Ihr Kind zieht sich an Ihren Fingern selbst zum Sitzen hoch. Es ist jetzt sehr aktiv mit seinen Händen, klopft mit Spielzeug auf die Unterlage und macht gerne Krach.

Ihr Kind entdeckt die Möglichkeiten seiner *Stimme*: Es flüstert, ruft, kreischt, und schwierige Laute wie t und w sind zu hören. Ihr Kind nagt an allem herum und wird von durchbrechenden Zähnen geplagt.

8 Monate

In Bauchlage dreht sich Ihr Kind nun um die eigene Achse und beginnt, vorwärts zu *robben*. Es kann jetzt fremde und bekannte Personen unterscheiden und *fremdelt* deshalb. Dies ist ein wichtiger und normaler Entwicklungsschritt. Kinder, die nicht frem-

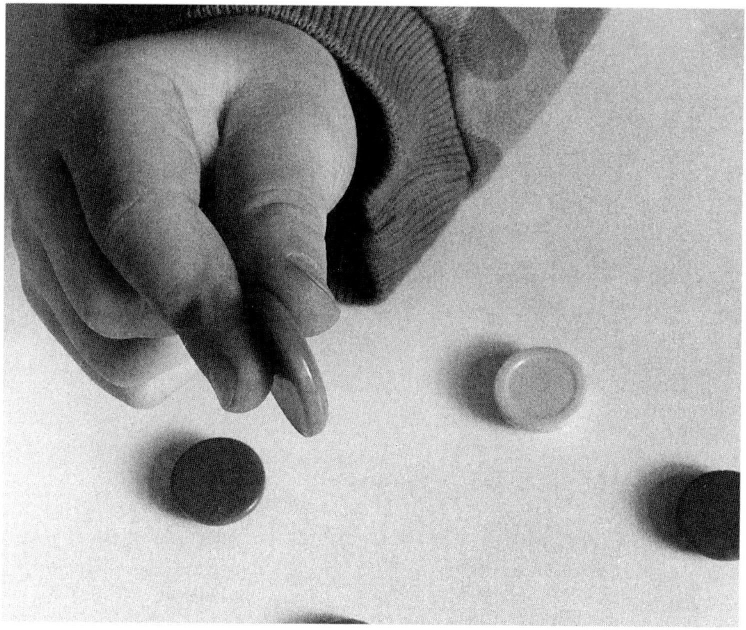

Pinzettgriff

deln, können unter Umständen auch später nicht gut unterscheiden, wer für sie wichtig ist und wer nicht.

Ihr Kind entdeckt, daß es „davor, dahinter, darunter" gibt. Es liebt Spiele wie „Guck, guck-da" und versteckte Dinge zu suchen *(Raumwahrnehmung)*.

Mit Vorliebe wirft es Sachen herunter und möchte, daß sie aufgehoben werden. Dies macht Ihr Kind nicht, um Sie zu ärgern, sondern es hat entdeckt, daß Dinge nicht wirklich weg sind, wenn es sie nicht mehr sieht, und sammelt damit Erfahrungen über räumliche Dimensionen.

Es liebt und braucht *Rituale* wie das Singen vor dem Schlafengehen.

Gern hört es einer Unterhaltung zu und versucht, die Sprachmelodie nachzuahmen. Laute wie f, l, s, u sind jetzt von

Seitsitz

ihm zu hören. Es macht die ersten Kaubewegungen und knabbert gern an Zwieback und Brot herum.

Ihr Kind hantiert nun gleichzeitig mit zwei Gegenständen.

Seine Hände werden immer geschickter: Es benützt Daumen und Zeigefinger für den *Pinzettgriff*. Es kann Krümel, Rosinen und ähnliches ergreifen.

9 Monate

Ihr Kind *robbt* durch den Raum und freut sich darüber. Es erforscht den Raum und bewegt sich ganz gezielt auf Personen und Dinge zu. Es stemmt sich in den *Vierfüßlerstand* und lernt, sich über den Seitsitz hinzusetzen. Die beginnende Fortbewegung ist jetzt für das Kind das größte Vergnügen.

Es kann nun mit gutem Gleichgewicht sitzen und sich dabei

Vierfüßlerstand

auch umdrehen. Es sitzt meist mit ausgestreckten Beinen und aufrechtem Rücken. Weil es noch nicht vorwärts kommt, wippt es häufig vor und zurück. Ihr Kind lehnt die Rückenlage ab, und es wird schwierig, es zu wickeln.

Ihr Kind kann seine Hände zusammen und isoliert bewegen. Es *schlägt* gern *Gegenstände aneinander* und ahmt Bewegungen und Handlungen nach.

Altbewährte *Handspiele* wie „Backe, backe Kuchen", „Winke, winke" und „Zehn kleine Zappelmänner" werden jetzt aktuell.

Am liebsten spielt Ihr Kind mit rollenden und sich bewegenden Dingen, denen es versucht, hinterherzukrabbeln. Dadurch lernt es die Tiefe eines Raumes kennen und Entfernungen und Größenverhältnisse einzuschätzen. Zum Beispiel versucht es, durch einen zu engen Spalt zu *krabbeln* und bleibt dabei stecken.

So erfährt es die Ausmaße seines Körpers *(Körperschema).* Ihr Kind beginnt, die Treppen hinaufzukrabbeln.

Es schaut jetzt gern Bilderbücher an, wobei das Blättern noch das Wichtigste ist. Ihr Kind erkennt bekannte Dinge auf Bildern wieder. Dadurch entstehen zwischen Ihnen und dem Kind Sprachspiele: Sie sprechen vor, und Ihr Kind *spricht Ihnen nach.* Es „spricht" jetzt Wörter aus Doppelsilben wie Mama, ham-ham und dada.

Es fängt an, mit den Händen selbst zu essen.

10 Monate

Ihr Kind beginnt, sich über den sogenannten *Einbeinstand* hochzuziehen. Es kann noch nicht abschätzen, wie stabil der Gegenstand ist, an dem es sich *hochzieht*, und fällt häufig um. Dadurch braucht es noch viel Aufsicht. Die Wohnung nimmt jetzt ein typisches Bild an: Alles, was Ihnen wichtig ist, wandert in die oberen Regalfächer. Der Rest liegt bunt auf dem Boden verstreut.

Dies ist wichtig, damit Ihr Kind seinem angeborenen *Bewegungs- und Erfahrungsdrang* nachgehen kann. Zu viele Verbote hemmen es und schränken es in seinem Lernen ein. Ihr Kind beschäftigt sich schon kurz allein. Jeden Tag erforscht es aufs neue das Zimmer mit seinen vielfältigen Gegenständen.

Es ist sehr neugierig: Alle Türen und Schubladen werden wiederholt geöffnet. Eher zufällig entdeckt es dabei den Inhalt und *räumt* ihn *aus*. Dadurch sammelt es viele wichtige Erfahrungen für seine Entwicklung.

Ihr Kind probiert aus, welche Funktionen die Dinge haben *(Funktionsspiel).* Es liebt Schiebetüren und dreht gern an allem Beweglichen. Wenn es etwas nicht kann, führt es Ihre Hand. Es hat die Erfahrung gemacht, daß Sie „alles" können.

Aufstehen über den Einbeinstand

Es versteht einfache Aufforderungen wie „gib mir, komm her“. Sein *Sprachverständnis* ist gegenüber seiner aktiven Sprache weiter entwickelt. Es versteht schon einiges und zeigt auf benannte Gegenstände. Ihr Kind schaut jetzt gern mit Ihnen Bilderbücher an und möchte, daß Sie die Gegenstände darin benennen.

Es *trinkt* allein aus einer Kindertasse und ißt geschickt mit den Händen. Beim Essen probiert es alles aus, was es bei den Erwachsenen sieht: pusten und schlürfen.

11 Monate

Ihr Kind läuft jetzt seitlich an Möbeln entlang. An Händen gehalten, läuft es auch vorwärts. Dies sollten Sie aber nicht speziell üben. Es lernt besser allein Laufen.

Zangengriff/Spitzgriff

Ihr Kind hat einen sehr großen Bewegungsdrang und bleibt nur kurz bei einer Beschäftigung. Es kann zwei Gegenstände gleichzeitig in einer Hand halten. Es greift jetzt im *Zangengriff* und ißt mehr und mehr selbständig mit dem Löffel. Am liebsten würde es jetzt alles allein machen. Oft wird es wütend, weil es merkt, daß es vieles noch nicht kann.

Ihr Kind zeigt deutlich Zuneigung und Ablehnung gegenüber Personen. Es kuschelt sich an oder dreht sich weg. Mit gleichaltrigen Kindern kann es noch nicht richtig spielen. Vermehrt versucht es, Worte nachzusprechen. Es zieht sich selbst einfach auszuziehende Kleidungsstücke wie zum Beispiel Schuhe aus und freut sich, daß es etwas kann. Wichtig ist nun, solche Tätigkeiten zu unterstützen, damit es immer mehr *Selbständigkeit* erlangt.

12 Monate

Ihr Kind schiebt gerne kleine Möbel vor sich her. An einer Hand gehalten, kann es einige Schritte *frei gehen.*

Ihr Kind spielt gern mit Spielzeug, das es auseinandernehmen und zusammenfügen kann: Duplo, Würfelturm, Babuschkas *(Funktionsspiel).* Ihr Kind baut kleine Türme aus zwei bis drei Klötzen, die es ebenso gerne wieder umstößt. Es probiert alle Gegenstände nach möglichen Funktionen aus.

Dadurch erfährt es viel über deren Eigenschaften: klein – größer – groß, schwer – leicht, paßt – paßt nicht, geht schwer – geht leicht, warm – kalt, hart – weich *(Materialerfahrung).* Ihr Kind erobert Raum und Umwelt: Es möchte die ganze Wohnung entdecken und auch draußen spielen.

Es beobachtet andere Kinder und nimmt Kontakt zu ihnen auf. Es versucht, sich durch Gebärden und Laute verständlich zu machen. Es plappert einige Worte nach. Ihr Kind hat schon so viele Tasterfahrungen gesammelt, daß es nicht mehr alles in den Mund stecken muß. Oft reicht ihm jetzt das Fühlen mit den Händen, das Vergleichen und Kombinieren, um einen Gegenstand zu erkennen. Es trinkt jetzt allein aus einer Tasse. Zum Essen benutzt es lieber die Hände als den Löffel, da es schneller geht.

Es kann jetzt einfache Aufträge wie: „Bring mir deine Schuhe" ausführen. Es spricht einige sinnvolle Silben und bringt diese mit Personen und Handlungen in Zusammenhang, zum Beispiel „adda" für Weggehen.

12 – 15 Monate

Ihr Kind kann *frei stehen.* Zum Spielen kniet es sich oft hin. Es kann nun, ohne sich festzuhalten, in die *Hocke* gehen. Beim Gehen um eine Ecke oder beim plötzlichen Halten fällt es gern um, weil sein Gleichgewicht noch labil ist. Ihr Kind trägt gerne Dinge umher und wirft mit allem Möglichen um sich. Es findet Dinge, die Sie vor seinen Augen verstecken, wieder.

Seine *Gefühlsäußerungen* zeigen sich jetzt differenzierter: Es zeigt Ärger, Eifersucht, Zuneigung und Ablehnung deutlich erkennbar. Ihr Kind liebt es, Publikum zu haben. Kommt Besuch, führt es gerne Kinderkunststücke auf.

Sein *Sozialverhalten* ist jetzt soweit entwickelt, daß es von seinen Spielsachen und seinem Essen etwas abgibt.

Es will jetzt verstärkt die Bezeichnung für alle Dinge wissen. Zunehmend benützt es seine gelernten Worte, um sich verständlich zu machen.

Es bedient sich jetzt einer sehr wirksamen Lernmethode: der *Nachahmung*. Es versucht, alles nachzumachen und nachzusprechen: die Hausarbeit, Körperpflege, Gesten und Mimik der Eltern und Geschwister.

Ihr Kind möchte das Essen mit dem Löffel nun unbedingt lernen. Es legt sich die Bissen mit den Fingern auf den Löffel und führt ihn dann zum Mund. Das ist aber so schwierig, daß es doch noch oft mit den Händen ißt oder gefüttert werden will.

Sie brauchen jetzt viel Überredungskunst, wenn es darum geht, Ihr Kind zu etwas zu bringen, das es nicht will, zum Beispiel Anziehen, wenn es gerade spielen möchte. Das ist noch nicht das Trotzalter, sondern Ihr Kind ist mit der Entdeckung der Welt beschäftigt und will nicht dabei gestört werden.

Es kennt seinen Körper teilweise und zeigt auf benannte *Körperteile*, zum Beispiel den Bauch, die Augen und den Mund.

Es meldet sich teilweise, wenn es in die Windel gemacht hat. Die *Sauberkeitserziehung* sollte nicht vor dem zweiten Lebensjahr begonnen werden, da das Kind vorher seine Schließmuskeln nicht willentlich kontrollieren kann.

15 – 18 Monate

Der Gang des Kindes ist jetzt auch auf unebenem Gelände sicher. Es beginnt, *rückwärts zu gehen*. Sein Rennen ist noch recht unkoordiniert. *Treppen* geht es im Kindernachstellschritt (beide Füße werden auf dieselbe Stufe gestellt) hinauf und hinunter und hält sich dabei am Geländer fest.

Ihr Kind hat die Höhe entdeckt und liebt es zu *klettern*. Sein Gleichgewicht ist so gut entwickelt, daß es in der Hocke spielen kann. Immer noch lernt es viel über die Nachahmung. Zunehmend stellt es aber auch eigene Versuche an.

Es probiert: paßt – paßt nicht. So lernt es über *Versuch und Irrtum*. Ihr Kind ist jetzt ausdauernder und möchte Spiele zu einem Abschluß bringen. So freut es sich zum Beispiel, wenn es alle Klötze eingeräumt hat. Ihr Kind spricht mehrsilbige Wörter. Täglich lernt es neue dazu. Sein Spiel begleitet es mit vielfältigen Geräuschen. Es entdeckt zunehmend den Zusammenhang eines Geräusches zur Geräuschquelle, zum Beispiel: das Telefon klingelt.

Es kann nun einfachere Dinge mit dem Löffel essen. Es freut sich, daß es nun schon einiges selbständig kann. Es versucht, Schuhe, Hose und Strümpfe auszuziehen und will bei den Hausarbeiten helfen und ahmt Sie nach.

1½ – 2 Jahre

Ihr Kind *rennt* viel und klettert überall herum. Es überschätzt sich dabei leicht und fällt noch oft hin. Seine Knie und sein Kopf sind gepflasterte Zeugnisse seines Bewegungsdranges. Es nützt alle Gelegenheiten, neue, schwierige Bewegungen auszuprobieren.

Es balanciert auf Mäuerchen, *hüpft mit beiden Beinen* gleichzeitig die letzte Treppenstufe hinunter, steht kurz auf einem Bein *(Einbeinstand)* und rennt im Galoppschritt.

Ihr Kind kann jetzt seine *Handlungen* besser *vorausplanen*. Um einen begehrten Gegenstand aus dem Regal zu erreichen, holt es sich einen Stuhl heran.

Es ist jetzt schon zu erkennen, ob Ihr Kind Rechts- oder Linkshänder ist *(Händigkeit)*. Beeinflussen Sie Ihr Kind auf keinen Fall in der Wahl seiner bevorzugten Hand. Sätze wie: „Gib

Pfötchengriff

die richtige Hand" sollten wirklich der Vergangenheit angehören! Die Entwicklung der sogenannten Dominanz ist ein normaler Hirnreifungsprozeß, der nicht von außen beeinflußt werden darf. Essen, Malen und andere Tätigkeiten führt es vorwiegend mit seiner dominanten Hand aus, wechselt aber auch noch häufig.

Das Zusammenspiel seiner beiden Hände wird jetzt immer besser. Es beginnt mit *zweihändigen Verrichtungen*, zum Beispiel dem Auffädeln großer Perlen. Ihr Kind *malt* nun auch in dynamischen Kritzelbewegungen. In der Regel hält es den Stift in der Faust und probiert zuweilen auch den *Pfötchengriff*.

Es steckt jetzt verschiedene Formen in eine Formenbox und nimmt Unterschiede wie groß und klein wahr *(Form- und Farbwahrnehmung)*. Es ordnet die Grundfarben Rot, Blau, Grün,

Gelb zu. Ihr Kind hat Freude an Steckspielen, einfachen Holzpuzzles und baut Türme aus vier bis acht Klötzen. Sein Spiel wird jetzt ausdauernder und vielfältiger. Es kann sich für ca. 15 Minuten allein beschäftigen, wenn eine Tätigkeit es besonders fasziniert. Ihr Kind probiert nicht mehr nur aus. Es spielt oft wochenlang immer wiederkehrende, altbewährte Spiele.

Es hat gelernt, sich kleinere *Handlungsfolgen* zu merken. Ihr Kind versteht jetzt soziale Zusammenhänge: Bestimmte Dinge gehören bestimmten Leuten, und es kann nicht alles haben, was anderen gehört.

Es kommt jetzt in das *Trotzalter*. Zunehmend hat es andere Vorstellungen als seine Eltern und versucht, diese mit Zorn und Wutausbrüchen durchzusetzen. Die Eltern sind nun oft den „strafenden Blicken" der Passanten ausgesetzt. Ihr Kind entwickelt seine eigenen Ideen aus seiner Sicht der Dinge. Es kann inzwischen relativ viel, muß aber erst die Regeln und Gepflogenheiten seiner Umwelt erlernen. Dazu braucht es klare Anleitung, Richtung und Halt. Eindeutige Regeln, ja und nein, geben dem Kind darin die nötige Orientierung. Das Ausleben dieser Phase ist sehr wichtig: Seine Eigenständigkeit zu erproben, ist die Grundlage für selbständiges Denken und Handeln im späteren Leben.

Seine Sprache ist nun auch für Außenstehende verständlich. Es verwendet Ein- und *Mehrwortsätze*, die vom Satzbau her aber nicht immer richtig sind. Meist kommt das Hauptwort, dann das Tätigkeitswort, zum Beispiel „Florian Saft trinken". Es bringt nun seine Bedürfnisse vermehrt sprachlich zum Ausdruck. Sein Mund ist pausenlos in Bewegung.

2 – 2½ Jahre

Ihr Kind steigt im Wechselschritt die Treppe hoch, muß sich aber noch ab und zu festhalten. Es lernt *Dreirad* fahren. Seine Handgeschicklichkeit wird differenzierter und gewandter.

Es füllt vielerlei Materialien von einer Dose in die andere und erfährt dabei viel über Mengen, Größen, räumliche Beziehungen und Gewichte.

Bei Formeneinlegespielen muß es nicht mehr probieren, sondern es kann sehen, wie die Form in die Aussparung gehört.

Ihr Kind *zieht sich selber aus* und kann einzelne, einfache Kleidungsstücke anziehen. Es ißt allein, braucht aber sehr lang dazu.

Sein Spiel wird durch ausgeprägtes *Rollenspiel* erweitert: Es tut so, als ob ..., verwendet Dinge als etwas anderes und spricht mit Puppen und Spieltieren, als wären sie lebendig.

Ihr Kind *baut* Zufallsprodukte aus Duplosteinen oder ähnlichem und benennt diese.

Es knüpft jetzt Beziehungen zu gleichaltrigen Kindern und entdeckt, daß es Mädchen und Jungen, Frauen und Männer gibt *(Geschlechtsdifferenzierung)*. Teilweise wirkt Ihr Kind schon sehr selbständig. Dabei dürfen Sie es aber nicht überschätzen. Es hat noch stark das Bedürfnis nach Schutz und Geborgenheit. Fühlt es sich überfordert, klammert es sich an seine Eltern. Zuweilen ist es jetzt sehr eifersüchtig. Bekommt es jetzt ein Geschwisterchen, reagiert es darauf unter Umständen mit kleinkindhaftem oder aggressivem Verhalten. Damit versucht es, wieder mehr Aufmerksamkeit zu erhalten, die es jetzt mit dem Geschwisterchen teilen muß.

Ihr Kind benutzt das Wort *„ich“*, wenn es von sich spricht. Es hört Gesprächen aufmerksam zu und versucht mitzureden. Einfache Unterhaltungen sind möglich. Ihr Kind stellt jetzt viele Fragen. Es benutzt Raumbegriffe wie vor, unter, auf und hinter. Die Raumkenntnisse aus früheren Bewegungserfahrungen ermöglichen ihm nun diese sprachliche Umsetzung.

Ihr Kind sagt, wenn es Hunger hat oder auf die Toilette muß *(Sauberkeit)*. Im Spiel vergißt es dies aber noch, und nachts braucht es meist eine Windel.

2½ – 3 Jahre

Ihr Kind ist jetzt ständig in Aktion. Es rennt, anstatt zu gehen, und hat viele neue Spielideen. Es sprüht vor Energie und scheut keine Anstrengung.

Es kann jetzt Dreirad fahren. Sein Gleichgewicht ist so gut, daß es auf Mauern gehen kann. Es kann ca. eine Sekunde auf einem Bein stehen.

Seine Bewegungen werden fließender und behutsamer. Es kann eine volle Tasse durchs Zimmer tragen, ohne sie zu verschütten.

Ihr Kind *fängt einen Softball* oder Wasserball mit den Armen auf.

Es kann die meisten seiner *Körperteile* benennen.

Aus konstruktiven Materialien wie Duplo, Lego oder Baufix baut es dreidimensionale Werke. Dabei ist der Vorgang des Bauens wichtiger als das Produkt. Dieses wird meist nach dem Aufbau unwichtig oder sogar sofort wieder zerstört.

Ihr Kind erkennt jetzt, ob etwas kürzer oder länger, größer oder kleiner ist und will zum Beispiel die größere Hälfte eines Brotes haben *(Größenunterscheidung)*.

Es kann eine Menge von zwei erkennen und kennt die Begriffe: beide, eines und anderes. Dies leitet es aus der Erfahrung ab, daß es in jeder Hand einen Gegenstand tragen kann *(Zahlbegriff 2)*.

Ihr Kind liebt Zuordnungsspiele und bildet mit allen möglichen Spielsachen Reihen, zum Beispiel stellt es seine Autos nebeneinander und sortiert alle Tiere *(Reihenbildung)*.

3 – 3½ Jahre

Ihr Kind *schneidet mit der Schere* gerne Schnipsel. Es interessiert sich für alle Arbeiten, die es mit Papier, Kleber und anderen Materialien machen kann. Es verpaßt der Puppe einen Kurzhaarschnitt und so manche Hose bekommt ein Lochmuster.

Ihr Kind spielt jetzt gern mit anderen Kindern und schließt erste *Freundschaften*. Wenn es sich bei Kindern oder Fremden wohl fühlt, kann es sich gut von Ihnen lösen und ist somit in der Lage, halbtags in den *Kindergarten* zu gehen. Gleichzeitig entwickelt es ein starkes Zusammengehörigkeitsgefühl in der Familie. Ihr Kind beherrscht jetzt weitgehend die Umgangssprache und interessiert sich für komplexere Zusammenhänge.

Seine Sätze beginnen oft mit „warum ..." *(Warum-Fragen)*. Ihr Kind läßt sich gerne kleine Geschichten *vorlesen*. Wichtig ist, daß Sie sich Zeit zum täglichen Vorlesen und Erzählen nehmen. Ihr Kind bekommt darüber Zugang zu Büchern und lernt, konzentriert zuzuhören. Sein Denken ist oft schneller als seine Sprache. Deshalb stottert es zuweilen. Dies verliert sich aber schnell wieder und braucht Ihnen keine Sorge zu bereiten.

Ihr Kind *malt* schon etwas gegenständlicher: Es benennt seine senkrechten und waagerechten Striche und Kreise. Es malt Männchen, die sogenannten *Kopf- oder Gliederfüßler*.

Große Knöpfe und Reißverschlüsse öffnet es selbst; bei kleineren Verschlüssen hat es noch Schwierigkeiten. Ihr Kind hilft beim Aufräumen seiner Spielsachen und bei leichten Hausarbeiten gerne mit.

3½ – 4 Jahre

Seine Körperbewegungen werden ausgeglichener, flüssiger und dosierter *(Bewegungsanpassung)*. Ihr Kind turnt, klettert und balanciert gern und geschickt. Bieten Sie ihm die Möglichkeit beim Eltern-Kind-Turnen. Es kann kurz *auf einem Bein* hüpfen und mit geschlossenen Füßen 30 cm Höhe überspringen. Es tanzt gern und lernt Roller fahren.

Mit der Schere *schneidet es großräumig aus*, und mit Knetmasse kann es einfache, erkennbare Dinge herstellen. Seine Männchen malt es mit Armen, die aber noch teilweise am Kopf angesetzt sind.

Es benützt gern *Werkzeug* wie Hammer und Schraubenzieher. Ihr Kind zählt alles, kennt die Zahlwörter bis zehn, jedoch nicht die richtige Reihenfolge der Zahlen. Sicher erkennt es *Mengen bis 3*.

Ihr Kind bemerkt jetzt kleine und unauffällige *Details* auf Bildern. Es erzählt Erlebnisse in der richtigen Reihenfolge und benutzt *Oberbegriffe* wie „Spielsachen" und „Anziehsachen". Es beobachtet seine Umwelt und unterscheidet zum Beispiel, welche Tiere fliegen und welche krabbeln.

4 – 4 ½ Jahre

Seine Handgeschicklichkeit ist so weit entwickelt, daß es kleine Perlen auffädeln kann. Es malt die *ersten Schrägen*, die in Dächern und Kleidern zur Anwendung kommen.

Ihr Kind hat jetzt mehr Überblick über *soziale Zusammenhänge*: Es kennt den Unterschied zwischen Recht und Unrecht. Es weiß, daß es andere Kinder nicht schlagen soll, es teilt oder setzt sich für einen Freund ein.

Ihr Kind entwickelt jetzt mehr und mehr das Bedürfnis, mit anderen Kindern zusammenzusein. Unterstützen Sie dies! Vor allem für Einzelkinder ist es sehr wichtig, die Gruppenfähigkeit zu lernen: abwarten, teilen, etwas abgeben, auf andere Rücksicht nehmen, „zusammen sind wir stärker".

Dies äußert sich nicht nur positiv: Kraftmeierei, Angabe und *Kraftausdrücke* sind sehr beliebt. Ihr Kind kann jetzt auch abstraktere Zusammenhänge erfassen und interessiert sich für soziale und physikalisch-technische Vorgänge, zum Beispiel Geburt, Tod und warum ein Auto fährt etc.

4½ – 5 Jahre

Sein *Gleichgewicht* ist recht gut: Es schaukelt im Sitzen und Stehen, *hüpft einige Meter auf einem Bein* und kann fünf Sekunden auf einem Bein stehen.

Ihr Kind lernt Rollschuhlaufen, Stelzenlaufen und Radfahren. Dabei kann es das Verkehrsgeschehen aber noch nicht überblicken und ist deshalb stark unfallgefährdet. Es kann jetzt einen Ball aus vier Meter Entfernung mit den Händen auffangen.

Die *Seitendominanz* Ihres Kindes ist festgelegt: Es bevorzugt eine Hand, einen Fuß, ein Auge und ein Ohr. Wenn dies noch nicht der Fall ist, besteht der Verdacht auf eine Störung, und Sie sollten dies unbedingt mit Ihrem Kinderarzt besprechen.

Es kann mit Messer, Gabel und Schere geschickt umgehen. Es schneidet mit der Schere an einer Linie entlang.

Ihr Kind führt gerne einfache *Werkarbeiten* aus: Flechten mit Papierstreifen, Nähen und Sticken auf Pappkarten oder Hämmern und Sägen.

Es malt gegenständlich und kann einfache, schematische Zeichnungen wie ein Haus oder ein Schiff abzeichnen. Sein gemaltes Männchen besteht aus sechs Teilen.

Ihr Kind kann jetzt *längere Geschichten und Märchen* verstehen. Zunehmend plant es seine Handlungen im voraus und sagt, was es tut, wenn ... Es interessiert sich für seine eigene Vergangenheit und für seine Zukunft, zum Beispiel wie es als Baby war und was es einmal werden möchte, es pflegt schon selbständig seine Freundschaften.

5 – 5 1/2 Jahre

Ihr Kind kann eine *Menge bis 4* sicher erkennen und bis 10 richtig zählen.

Beim Malen hält es den Stift in der Stifthaltung mit Dreipunktgriff. Seine Bilder werden detaillierter, es gelingt ihm, auch kleine Dinge und exakte *Muster* zu malen.

Es kann seinen Namen in Druckbuchstaben abschreiben. Manchmal schreibt Ihr Kind die Buchstaben allerdings in *Spiegelschrift*, da die Wahrnehmung der Raumlage auf dem Papier noch nicht ganz sicher ist. Es malt gern und viel.

In seinen Bildern bringt es Erlebnisse und Gefühle zum Ausdruck *(Erlebnisbilder)*. Von daher sollte ihm Papier in ausreichenden Mengen und auch in großen Formaten zur Verfügung stehen.

Auch sprachlich bringt Ihr Kind Gefühle vermehrt zum Ausdruck: Es weint nicht sofort, sondern sagt, wenn es traurig ist. Es beantwortet Fragen in ganzen Sätzen, dies tat es bis vor kurzem entweder gar nicht oder nur mit ja und nein. Ihr Kind lernt gern Verse auswendig.

Es versteht die Regeln von altersgemäßen Gesellschaftsspielen, verliert aber nicht gern *(Regelspiele)*. Es braucht immer noch viel Aufmerksamkeit. Darum kaspert, schreit und schimpft es viel und benutzt mit Vorliebe Schimpfworte. Sein Selbstbewußtsein ist so groß, daß Sie nun öfters „du bist blöd!" zu hören bekommen.

5 1/2 – 6 Jahre

Ihr Kind spielt am liebsten im Freien. Es *wetteifert* mit anderen Kindern darum, wer schneller, größer und stärker ist.

Es hat genügend Überblick über Ball- und Turnspiele in einer Gruppe, und seine Bewegungsreaktionen sind so gut angepaßt, daß es diese Spiele mitmachen kann *(Gruppenspiele)*.

Ihr Kind *bindet seine Schuhe* selbst.

Es ist in der Lage, kleine, fortlaufende Muster wie Schlaufen oder Wellen nachzuzeichnen und hat damit die feinmotorischen Voraussetzungen, schreiben zu lernen. Auch seine Konzentrationsfähigkeit und Ausdauer ist jetzt so groß, daß es eingeschult werden kann *(Schulreife)*.

6 – 6 1/2 Jahre

Ihr Kind erkennt sicher Mengen bis 6 und rechnet mit Fingern und anderen Hilfsmitteln bis 10.

Es kann *rechts und links unterscheiden* und benennen. Es

fügt Bildergeschichten aus drei bis vier Teilen folgerichtig zusammen und erzählt, was dargestellt ist. Ihr Kind interessiert sich für mechanische Zusammenhänge und kann einfache Modelle, zum Beispiel Legoautos, nach Vorlage nachbauen.

Ihr Kind geht den Schulweg allein und erledigt kleinere Einkäufe. Es möchte jetzt am liebsten alles selbst entscheiden: Wann es ins Bett geht, was es im Fernsehen anschaut etc. Es spielt stundenlang draußen mit anderen Kindern. Oft vergißt es darüber die Zeit und ist nirgends aufzufinden. Es hat noch kein richtiges Zeitgefühl.

Zeiträume erfaßt es nur mit Denkhilfen, zum Beispiel: dreimal schlafen, dann ist Ostern.

In der Schule ist es oft sehr verträumt und hängt seinen Gedanken nach.

6½ – 7 Jahre

Ihr Kind kann jetzt bis 20 rechnen.

In seinen gemalten Bildern verarbeitet es Erlebnisse und eigene Phantasien.

Es kann 5 m auf einem Bein hüpfen und 45 cm Höhe mit geschlossenen Füßen überspringen.

Der *Hampelmannsprung* gelingt Ihrem Kind über 10 Sekunden gleichmäßig und rhythmisch. Er ist gut geeignet, Koordinationsstörungen bei Kindern zu erkennen und wird deshalb in der Vorsorgeuntersuchung überprüft. Es fängt einen Ball, aus verschiedenen Richtungen geworfen, auf und hat Lust, in einen Sportverein zu gehen.

Ihr Kind beginnt mehr und mehr, realitätsbezogen, *logisch und vorausschauend zu denken* und zu handeln.

Es versteht und benutzt *Zeitbegriffe* wie vorgestern, nächste Woche und übermorgen und verwendet in seinen Sätzen Vergangenheit, Gegenwart und Zukunft.

Bewegungsauffälligkeiten und Wahrnehmungsstörungen: drei Fallbeispiele

Störungen der kindlichen Entwicklung sind Ausdruck von Verarbeitungsstörungen der Sinnessysteme. Sie äußern sich vorwiegend in Bewegungsauffälligkeiten und Wahrnehmungsstörungen. Zum besseren Verständnis und damit Sie sich betroffene Kinder besser vor Augen führen können, werden drei Kinder mit markanten Störungsbildern vorgestellt. Wir nennen sie Martin, Daniel und Philipp. Es sind konstruierte Fallbeispiele. In der Realität zeigen sich diese Störungen in den verschiedensten Kombinationen und Ausprägungsgraden. Einige Kinder zeigen auch nur einzelne Symptome der beschriebenen Störungsbilder. Diese drei Fallbeispiele und die Darstellung der Normalentwicklung sollen Ihnen den Vergleich mit Ihrem Kind ermöglichen.

Martin, ein bewegungsarmes und kraftloses Kind

0 – 6 Monate

Martin ist auffallend ruhig und schläft sehr viel. Er schreit selten und scheint meist zufrieden zu sein.

Selbst wenn er wach ist, liegt er ruhig in seinem Bettchen und schaut umher. Martin strampelt und bewegt sich insgesamt wenig. Beim Trinken an der Brust ermüdet er rasch und schläft vor Anstrengung wieder ein, bevor er satt ist. Da er schnell wieder hungrig ist und es mit dem Stillen nicht so recht klappt, bekommt er nach vier Wochen Flaschennahrung.

Martin bevorzugt die *Rückenlage* und ist zufrieden, wenn er in der Kinderwippe liegt.

Er *spielt kaum mit seinen Händen*, da er sie nicht gegen die Schwerkraft über der Brust zusammenbringen kann. Arme und Beine liegen meist leicht angewinkelt neben dem Körper *(Froschhaltung)*. Sobald Martin auf dem Bauch liegt, schreit er so lange, bis er wieder auf den Rücken gedreht wird.

Er möchte seine Umgebung sehen, kann aber seinen Kopf in Bauchlage nur kurz anheben. Das kostet ihn sichtbar große Anstrengung. Sein Ellbogen-Unterarmstütz ist unsicher und wackelig.

6 – 12 Monate

Martin schläft im Vergleich zu Gleichaltrigen immer noch auffallend viel, weil er schnell erschöpft ist. Dadurch verschläft er viele Gelegenheiten, in denen er Erfahrungen mit sich und seiner Umwelt machen könnte.

Martin wird erst mit sieben Monaten auf dem Wickeltisch aktiv und kann sich nur mühsam von der Rücken- in die Bauchlage bewegen *(Spätes Drehen)*. Er läßt dabei seine Beine gestreckt und beugt sie nicht an. Nach wie vor bevorzugt er die Rückenlage, da er so ohne große Anstrengung seine Umgebung beobachten kann.

Martin bewegt sich insgesamt sehr wenig. Er wiederholt seine Bewegungen selten, so daß sie sich nicht automatisieren können.

Er zeigt wenig Interesse an Gegenständen und erfährt somit kaum etwas über die Form und die Oberfläche (eckig – rund, weich – hart) der verschiedenen Dinge.

1 Jahr

Erst mit 12 Monaten beginnt Martin, kurze Strecken zu robben *(Spätes Robben)*; er läßt sich lieber tragen. Er schreit oft so lange, bis ihm ein gewünschter Gegenstand gebracht wird, weil er die Erfahrung gemacht hat, daß es sehr mühsam ist, sich selber fortzubewegen.

Mit 15 Monaten ist sein *Vierfüßlerstand* endlich so stabil, daß er *krabbelt* und sich an Gegenständen zum Kniestand hochziehen kann.

1 – 1½ Jahre

Martins Bewegungen sind langsam und unsicher. Wenn er mit gestreckten Beinen auf dem Boden sitzt, ist sein Oberkörper zusammengesunken und sein Rücken rund. Martin kann nicht lange knien.

Zum Spielen setzt er sich deshalb zwischen seine Beine (Najadensitz – siehe Titelbild).

Mit 20 Monaten ist sein Gleichgewicht endlich so stabil, daß er aufsteht und seine *ersten Gehversuche* an Möbeln entlang macht.

1½ – 2 Jahre

Martin läuft jetzt frei.

Sein *Gangbild ist unsicher* und wackelig. Er fällt häufig hin und stützt sich dabei nur schlecht ab. Es fällt ihm schwer, aus dem freien Stand in die Hocke zu gehen, da er die hierfür erforderliche Muskelspannung nicht aufbringen kann.

Wenn er ein Spielzeug aufheben will, tut er dies mit durchgedrückten Knien. Auf unebenem Boden, zum Beispiel im Garten, fällt Martin sehr oft hin. Ausgleichsbewegungen, die er braucht, um nicht aus dem Gleichgewicht zu kommen, erfolgen nicht schnell genug.

Beim Treppenlaufen muß er sich am Geländer oder an dem

Erwachsenen festhalten. Er *klettert wenig* und ist dabei sehr ängstlich.

2 – 2½ Jahre

Martin spricht wenig und sehr leise. Seine *Sprache* klingt verwaschen und undeutlich. Vor allem Laute, die einen starken Mundschluß erfordern, wie m und p, gelingen ihm kaum.

Abends hilft er kaum beim Ausziehen und läßt dies lieber die Eltern machen. Er hat keinen Drang zur Selbständigkeit; im Gegenteil: Martin läßt sich gerne bedienen.

Während die meisten Kinder sich jetzt in einer ausgeprägten Trotzphase befinden, erscheint er als lieb und angepaßt *(Keine Trotzphase)*. Dies ist für die Eltern zwar angenehm, für seine Persönlichkeitsentwicklung allerdings von großem Nachteil. Er bleibt „am Rockzipfel seiner Mama hängen".

Beim Malen hält er den Stift in der gefausteten Hand und kritzelt kaum sichtbar mit wenig Druck *(Wenig Handkraft)*.

2½ – 3 Jahre

Martin benützt seine Fahrzeuge wie „Bobbycar" und Dreirad nicht gerne.

Er hat *wenig eigene Spielideen* und läßt sich von seiner Umgebung kaum anregen.

Er spielt vorwiegend im Sitzen an einem Ort *(Bewegungsarmes Spiel)*. Sein Spiel ist ruhig, und Martin wirkt dabei selbstversunken.

Martin hat stark ausgeprägte Knick- und Senkfüße und X-Beine. Im Stehen drückt er die Knie durch und hat ein starkes Hohlkreuz. Diese *Haltungsschwächen* sind Ausdruck seiner zu niedrigen Muskelspannung.

3 – 3½ Jahre

Martin rennt inzwischen 20 Meter, ohne hinzufallen. Seine Bewegungen sind dabei plump und tapsig.

Erst jetzt springt er von der letzten Treppenstufe mit beiden Beinen gleichzeitig hinunter. Von größeren Höhen fällt er beim Aufkommen in sich zusammen, da er die Körperspannung nicht halten kann.

Seine Sprache ist immer noch undeutlich und leise. Die Pulsivlaute k, p und t werden zu wenig artikuliert *(Schlechte Artikulation).*

Sein Mundschluß ist so schwach entwickelt, daß ihm der Speichel oft aus dem Mund tropft *(Speicheln).*

3½ – 4 Jahre

Beim An- und Ausziehen muß sich Martin immer noch hinsetzen. Er fährt nur ungern mit dem Dreirad und spielt nicht gern draußen. Martin kann einen Ball nicht über dem Kopf in eine bestimmte Richtung werfen. Am liebsten spielt er im Sitzen mit seinen Bauklötzen oder schaut anderen Kindern zu.

Er ist den anderen Kindern in den meisten Bereichen unterlegen und bekommt dies nun auch deutlich von ihnen zu spüren. Sie finden ihn zu langsam und langweilig *(Isolation).* Sein Erfahrungsschatz ist durch seine wenigen Bewegungswiederholungen gering, und dadurch ist sein Spiel ideenarm.

4 – 4½ Jahre

Martin geht nicht gern in den Kindergarten. Dort fällt er dadurch auf, daß er das Gruppengeschehen nicht überblickt. Er hält sich eher abseits und spielt lieber mit Jüngeren oder einem einzelnen Kind. In der Gruppe ist er unsicher und reagiert langsam. Beim Spiel im Freien fällt seine Unsicherheit in Bewegungsspielen und beim Klettern auf.

Seine Arm- und Beinbewegungen sind nicht gut koordi-

Schlechte Bewegungsplanung

niert, und es scheint, als wäre er sich selber im Weg. Er greift beim Klettern nicht rechtzeitig nach und hat Schwierigkeiten, zum Beispiel vom Klettergerüst auf die Rutschbahn umzusteigen. Da er sich als Kleinkind zu wenig bewegt hat, fehlen ihm grundlegende Bewegungserfahrungen. Er kann nur mit Halt am Geländer treppab gehen.

4 ½ – 5 Jahre

Martin mag nach wie vor keine Bewegungsspiele wie Fangen oder Ballspielen. Seine Reaktionen sind so langsam, daß ihm der Ball ins Gesicht fliegt.

Er kann nicht seitlich über ein Seil hüpfen, das auf dem Boden liegt. Martin spielt lieber sitzend im Sandkasten oder schaut Bücher an.

Seine Hände und Finger sind ungelenk und kraftlos. Beim Aufstützen mit den Händen benützt er nicht die ganze Handfläche. Um genügend Spannung aufzubauen, kommt er mit der Handfläche hoch und stützt sich nur auf den Fingern auf *(Kraftlosigkeit)*.

Er bastelt ungern; wenn er mit Buntstiften malt, sind seine Striche kaum zu erkennen. Deshalb malt er am liebsten mit Filzstiften. Seine Selbstdarstellung auf gemalten Bildern ist klein und wenig differenziert, da er ein *schwaches Körper- und Selbstbewußtsein* hat.

5 – 5 ½ Jahre

Martin kann nicht auf einem Bein stehen beziehungsweise ein oder zwei Hüpfer auf einem Bein machen *(Kein Einbeinstand)*.

Auch kann er nicht beidbeinig über ein kleines Kissen hüpfen, und es fällt ihm schwer, ohne Halt auf einen Hocker zu steigen. Beim Malen kann er keine differenzierten Muster nachmalen, da ihm die Grunderfahrung, vielfältige Körperbewegung und Raumerfahrung, dazu fehlt.

Überstreckte Fingergrundgelenke

Durch den Bewegungsmangel hat er Schwierigkeiten bei vielen feinmotorischen Verrichtungen *(Feinmotorische Probleme)*.

Seine Stifthaltung wirkt verkrampft. Er umfaßt den Stift mit Daumen, Zeige-, Mittel- und Ringfinger, und er muß seine Hand- und Fingergelenke steif machen, um den Stift halten und führen zu können *(Auffällige Stifthaltung)*. Sein Handgelenk kommt infolgedessen von der Unterlage hoch. Das feine Zusammenspiel der Handmuskeln und der richtig dosierte Krafteinsatz leiden darunter. Dadurch ist rhythmisches, fließendes Malen und Schreiben nicht möglich.

5 ½ – 6 Jahre

Martin ist *nicht schulreif* und wird zurückgestellt. Seine Bewegungen, sein Denken und Handeln sind langsam, und er wirkt verträumt. Am liebsten sitzt er zu Hause und hört Kassetten oder sieht fern.

6 – 7 Jahre

Martin entwickelt vorwiegend Interessen, die wenig Bewegung und Interaktion mit anderen Kindern erfordern. Er sammelt alle möglichen Dinge, möchte viel fernsehen oder am Computer spielen.

Er hat immer noch Mühe mit Bewegungsabläufen, die ein hohes Maß an Reaktion, Koordination, Rhythmus und Überblick verlangen, zum Beispiel Fußballspielen, Radfahren und Schwimmen *(Koordinationsprobleme)*.

Er kann rhythmische und wechselnde Bewegungen wie Klatschspiele und den Hampelmannsprung in den meisten Fällen kaum ausführen. Nach wie vor bewegt er sich ungern, schwerfällig und ungelenk.

In der Schule hat Martin *Probleme mit dem Schreiben*. Seine Schreibbewegung geht von der Schulter aus. Dies geht nur langsam und führt zu rascher Ermüdung. Martin hat manchmal Schmerzen im Schulter-, Arm- und Nackenbereich.

Martins Muskelspannung (Tonus) ist niedrig. Dadurch wirkt er kraftlos und schlaff. Seine Bewegungsabläufe sind schwerfällig und plump.

Jede Bewegung kostet ihn sehr viel Anstrengung; deshalb vermeidet er Bewegung weitgehend und macht wenig Erfahrung mit seinem Körper und seiner Umwelt. So kommt es bei Martin zu Entwicklungsverzögerungen.

Philipp, ein unruhiges, unkonzentriertes Kind

0 – 6 Monate

Philipp ist ein *unruhiges Baby*, das sehr schwer einen regelmäßigen Wach-Schlaf-Rhythmus findet. Nahezu das leiseste Geräusch kann ihn wecken. Tagsüber sind seine Schlafphasen selten und kurz. Beim Trinken ist er sehr leicht ablenkbar und schaut bei jedem Geräusch sofort aufmerksam umher.

Beim Wickeln strampelt Philipp viel und wild und bewegt heftig seinen ganzen Körper. Die Bewegungen wirken hektisch und chaotisch.

Früh kann er sich auf seine Unterarme stützen und den Kopf stabil halten.

Ebenso aufmerksam, wie er alles beobachtet, beginnt er sehr früh, mit seinen Händen zu spielen und nach Dingen zu greifen.

Schon mit vier Monaten rollt er sich von der Bauch- in die Rückenlage *(Frühes Drehen)*. Da sein Körper kaum stilliegt, wird der Wickeltisch schon jetzt für ihn zu einer Gefahrenquelle. Mit fünf Monaten dreht er sich auch von der Rücken- in die Bauchlage.

6 – 12 Monate

Philipp beginnt, sich durch das Zimmer zu *rollen*.

Mit sieben Monaten ist nichts mehr vor ihm sicher. Er übt den ganzen Tag mit seinem Körper: stützt, stemmt, strampelt und greift und ärgert sich sehr schnell, wenn etwas nicht so gelingt, wie er will *(Bewegungsunruhe)*. Alle Dinge seiner Umgebung wecken sofort seine Neugier. Er will alles begreifen.

Philipp beschäftigt sich jedoch nie lange mit einem Gegenstand, da sogleich ein anderer seine Aufmerksamkeit erregt. Er spielt chaotisch, nimmt alles in die Hand, zieht alles heraus, beschäftigt sich allerdings nicht ausführlich mit einem Gegenstand. So bleiben die Erfahrungen, die er im Spiel macht, oberflächlich und ungeordnet. Philipp lautiert viel und probiert, mit seiner Stimme verschiedene Geräusche und Lautstärken zu erzeugen.

Er lernt rasch den Vierfüßlerstand und krabbeln *(Frühes Krabbeln)*. Schnell entdeckt er, daß die Welt über ihm weitergeht: Er zieht sich überall hoch *(Frühes Hochziehen)*. Seine Bewegungen sind dabei hektisch und überstürzt. Sein Gleichgewicht ist allerdings noch wenig stabil, und er fällt sehr oft um und stößt sich häufig. Dies kann ihn in seinen Aktivitäten aber nicht bremsen.

Dennoch scheint Philipp nicht zu lernen, seine Bewegungen feiner zu dosieren und vorsichtiger zu handeln *(Mangelnde Feindosierung)*.

Obwohl Philipp sich oft weh tut, scheint er keinen Schmerz zu spüren *(Niedriges Schmerzempfinden)*. Es ist kaum möglich, ihn zu beaufsichtigen, da er ständig in Bewegung ist und einen Gegenstand nach dem anderen untersucht.

Obwohl Philipp erst unsicher frei stehen kann, beginnt er zu laufen *(Frühes Laufen)*.

1 Jahr

Alle Dinge und Geräusche in seiner Umgebung interessieren ihn nur für einen sehr kurzen Moment. Er ergreift alles, was er erreichen kann. Allerdings beschäftigt Philipp sich nur kurz mit dem Gegenstand und läßt ihn gleich wieder fallen, um den nächsten zu ergreifen. Kleine Krümel oder Fäden, die für ihn mühsam aufzuheben sind, interessieren ihn nicht. Alles muß groß, schnell und laut sein.

Er *wiederholt selten* bestimmte Handlungen, wie zum Beispiel Dinge ineinanderstecken oder aufeinanderstellen. Dadurch erreicht Philipp keine Sicherheit in seinen Handlungen.

Alle Sinneseindrücke werden nur lückenhaft oder ungenau aufgenommen *(Lückenhafte Wahrnehmungsverarbeitung)*.

1 – 1½ Jahre

Philipp kann schon gut in die *Hocke* gehen, um einen Gegenstand vom Boden aufzuheben.

Er klettert immer häufiger auf Möbel und steigt die ersten Treppenstufen hinauf. Dabei ist er zu wenig umsichtig, so daß die Treppe mit einem Gitter abgesperrt werden muß.

Philipp spricht sinnbezogene einzelne Worte wie wau-wau und ham-ham. Er hat ein recht gutes *Sprachverständnis*.

Während gleichaltrige Kinder schon ganz vertieft spielen können, wirkt Philipps *Spiel oberflächlich und unkonzentriert*. So erfährt er kaum etwas über die Funktion und Beschaffenheit von Gegenständen.

Philipp kritzelt mit Stiften, schaut aber nicht auf die Spur, die der Stift hinterläßt. Bilderbücher schlägt er auf und läßt sie ohne weiteres Betrachten gleich wieder liegen. Sein Spiel ist laut und ungestüm. Am liebsten klopft oder hämmert er auf Gegenständen herum.

1½ – 2 Jahre

Philipp will alles selber machen und ärgert sich, wenn etwas nicht gelingt. Er wird leicht zornig. Insgesamt sind seine Gefühle heftig und wechseln rasch *(Gefühlslabil)*.

Er begleitet alle seine Handlungen mit lauten Geräuschen. Seine Sprache klingt überstürzt und verhaspelt.

2 – 2½ Jahre

Philipp ist in allen seinen Tätigkeiten extrem *ablenkbar*. Jedes Geräusch und jede Bewegung in seiner Umgebung bringen ihn von seinem Spiel ab. Er verharrt nie länger als einen Augenblick in einer Position oder einer Tätigkeit.

Beim Malen übt er so viel Druck aus, daß das Papier oft zerreißt. Er *kritzelt ungestüm* und ungesteuert kreuz und quer über das Blatt und darüber hinaus.

2½ – 3 Jahre

Philipp kann sich, wenn er die Konzentration aufbringt, selber ausziehen.

Wenn dies aber nicht sofort gelingt, schreit er wütend auf und reißt an seinen Kleidern herum. Seine *Frustrationstoleranz* ist insgesamt sehr niedrig. Er spürt, daß ihm vieles mißlingt, und ist darüber sauer.

3 – 3½ Jahre

Philipp spielt am liebsten im Freien. Er rennt viel herum und klettert überall hinauf. Selbst von beängstigenden Höhen springt er mit Vorliebe herunter *(Tobt viel)*.

Meist hat er offene Knie, scheint aber Schmerz und Tränen nicht zu kennen. Durch seine große Unruhe und Toberei verausgabt sich Philipp bis zur Erschöpfung. Mitunter läßt er sich für fünf bis zehn Minuten einfach fallen, da er völlig erschöpft ist. Mit Spielsachen beschäftigt er sich nie intensiv. Meist werden sie in der Gegend herumgeworfen und gehen schnell kaputt.

3½ – 4 Jahre

Im Kindergarten ist Philipp schwer in die Gruppe und die Gruppenaktivitäten wie Singkreis und gemeinschaftliches Frühstück zu integrieren. Seine Spiele wirken chaotisch und sind laut *(Kindergartenprobleme)*.

Er nimmt im Spiel wenig Rücksicht auf andere Kinder und ist grob zu ihnen, ohne dies selbst recht zu merken: Wenn er Sie in den Arm nimmt, tut es ihnen schon weh.

Er ist im Bereich des Tastsinns unterempfindlich und spürt

Im Spielzeugchaos

dadurch wenig von seinem eigenen Körper und vom Umgang mit anderen. Wo Philipp auftaucht, entsteht innerhalb kürzester Zeit Streit. So kommt es, daß viele Kinder ihn ablehnen. Seine Aktivitäten kann er nicht mit anderen Kindern abstimmen. Durch Rangelei und Schlägerei versucht er immer wieder, sich einzubringen.

Philipp *kann kaum stillsitzen*. Er rutscht von einer Pobacke auf die andere und kippelt mit dem Stuhl. Mitunter ist er so unruhig, daß er sogar vom Stuhl fällt. Tage, an denen er nicht hinaus kann, sind für alle Beteiligten furchtbar. Philipp ist dann überspannt, tobt und schreit viel und ärgert sich noch schneller als sonst.

4 – 4½ Jahre

Im Kindergarten fällt auf, daß Philipp vorgelesenen Geschichten *nicht zuhören* kann. Aufgaben erfaßt er fast immer nur bruchstückhaft, und meist rennt er schon los, bevor der letzte Satz beendet ist.

Im Spiel sucht er sich immer die Rolle des Stärksten: Löwe oder Polizist. Er neigt zur *Angeberei* und tut, als ob er alles kann. Bei genauerem Überprüfen stellt sich dies allerdings oft als falsch heraus. Anforderungen geht Philipp aus dem Weg und kommentiert sie: „Das ist mir zu langweilig!" Jedes Spiel wird bei der kleinsten Ablenkung sofort unterbrochen und anschließend nicht wieder aufgenommen.

Philipps gemalte *Bilder wirken chaotisch*. Formen sind nicht geschlossen und nicht klar zu erkennen. Meist malt er alles übereinander, und das Blatt ist ihm oft zu klein. Er kommentiert laut sein entstehendes Bild.

4½ – 5 Jahre

Philipp mag *keine Spiele mit festen Regeln*. Er tobt lieber ungebremst herum, klettert überall hoch und springt wieder herunter.

In einer Turnhalle mit glattem Fußboden nimmt er Anlauf, läßt sich mit Wucht fallen und liebt es, auf den Knien über den Boden zu schlittern. Mitunter rennt er auf die aufgestellte Weichbodenmatte zu und springt wiederholt mit aller Kraft dagegen. Durch diese starke Stimulation versucht er, seinen Körper besser zu spüren.

5 – 5½ Jahre

Philipp hat große Schwierigkeiten, sich Handlungsfolgen zu merken. Schon morgens beim Anziehen überlegt er nie lange, sondern schreit gleich: „Und was kommt jetzt?" Wenn man Philipp nach dem Hergang einer vorgelesenen Geschichte oder einer gemeinsamen Unternehmung fragt, kann er dies kaum wiedergeben. In seinen wenigen Bildern stellt er keine Erlebnisse dar, sondern malt lieber einzelne Dinge, die ihm gerade in den Sinn kommen *(Konzentrationsprobleme)*.

Wenn er im Kindergarten mit den anderen Kindern zusammen basteln soll, wird er ganz kribbelig und muß zwischendurch aufspringen und herumschreien.

Danach kann er sich kurz wieder auf seine Arbeit konzentrieren. Er kann nicht an einer Linie entlangschneiden und haßt genaues Arbeiten wie Papierfalten und Malbücher ausmalen *(Feinmotorische Probleme)*.

5 ½ – 6 Jahre

Philipp kann keine Schleife binden. Da er nur ungenau spürt, was seine Hände tun und er sich den Handlungsablauf nicht merken kann, hat er Schwierigkeiten, dies zu lernen. Er versteht es, andere Kinder für diese Arbeit zu finden.

Philipp kann sich maximal 10 bis 15 Minuten auf eine Tätigkeit konzentrieren und hat *keine Ausdauer*, um mißlungene Handlungen zu wiederholen. Beim Malen übt er so großen Druck aus, daß das Papier immer wieder zerreißt, und selbst die größten Blätter sind ihm meist für seine riesigen Darstellungen zu klein.

Philipp malt keine geschlossenen Kreise, da er zuviel Schwung nimmt und nicht rechtzeitig abbremsen kann. Quadrate und Dreiecke sind als Formen nicht deutlich zu erkennen. Die Ecken rundet er großzügig ab *(Formwiedergabe)*.

Philipp ist *nicht schulreif* und muß zurückgestellt werden.

6 – 6 ½ Jahre

Philipp sieht nicht gerne fern. Dies erscheint im ersten Moment positiv, da der Kampf um die erlaubten Fernsehsendungen entfällt. In seinem Fall ist die Unlust aber darauf zurückzuführen, daß er sich nicht auf die Handlung konzentrieren kann und

Schwierigkeiten hat, den Inhalt der Sendung zu erfassen. So wird er spätestens nach 10 Minuten zappelig und findet die Sendung langweilig. Der Konzentrationsmangel wird auch beim Vorlesen deutlich.

Es ist schwierig, Philipp zum Einkaufen zu schicken, da er sich selbst kleine Aufträge nicht merken kann *(Selbständigkeit)*.

6 ½ – 7 Jahre

Philipp wird eingeschult und hat große Probleme, den Alltag in der Schule zu bewältigen. Er läßt sich schnell durch die anderen Kinder und sonstige Außenreize ablenken.

Die langen Unterrichtseinheiten und das Stillsitzen sind für ihn eine einzige Qual. An Tagen, an denen Philipp Sportunterricht hat, kann er sich etwas besser konzentrieren, da er einen Teil seines *extremen Bewegungsdranges* ausleben konnte.

Da Philipp keine längeren Konzentrationsleistungen erbringen kann, flüchtet er in *störende Verhaltensweisen*. Er muß oft auf die Toilette gehen, läßt Dinge fallen, um sie wieder aufzuheben, kramt in seiner Schultasche, schwätzt häufig und ärgert seine Mitschüler. Dadurch gerät Philipp leicht in eine Außenseiterposition.

Philipp ist sehr unruhig. Umweltreize überfluten ihn. Die Trennung in wichtige und unwichtige Reize durch das Gehirn findet bei ihm nicht in ausreichendem Maße statt.

Sein Tastsinn ist unterempfindlich, das heißt, Berührungsreize werden nur in sehr schwachem Maße aufgenommen und weitergeleitet.

Seine Bewegungen sind chaotisch, hektisch und schnell. Die Feindosierung der Bewegungen und der sensible Umgang mit Menschen und Materialien fallen ihm schwer.

Daniel, ein gegen Berührung und Bewegtwerden überempfindliches Kind

0 – 6 Monate

Wenn Daniel gedreht oder schnell aufgenommen wird, fängt er sofort an zu schreien. *Lageveränderungen* irritieren und ängstigen ihn. In der Bauchlage fällt auf, daß seine Kopfkontrolle schlecht ist.

6 – 12 Monate

Daniel ergreift Gegenstände ungern und steckt sie in den seltensten Fällen in den Mund. Somit macht er zu wenig Materialerfahrung mit Händen und Mund. Tasterfahrungen sind in diesem Alter von entscheidender Bedeutung für seine sinnliche Wahrnehmung. Alle Säuglinge und Kleinkinder lernen über dieses „Begreifen", die Umwelt zu entdecken.

Es ist schwierig, Daniel anzuziehen. Viele seiner Kleidungsstücke sind für ihn eine Qual. Mützen zieht er sich grundsätzlich vom Kopf. Daniel wird mißmutig, wenn ihn ein Kleidungsstück beengt. Wenn er Wollkleidung trägt, kratzt er an sich herum. Er verträgt sie nicht und muß auch im Winter in Baumwolle gekleidet werden *(Berührungsüberempfindlichkeit)*.

Berührungs- und Bewegungsreize aller Art scheinen ihn zu irritieren. Nachdem er gewickelt ist, liegt er am liebsten in der Kinderwippe oder in seinem Bettchen. Er läßt sich nicht gerne tragen und dreht sich beim Schmusen weg. Auf Bewegungsspiele wie zum Beispiel „Hoppe-Hoppe-Reiter" reagiert er mit ängstlichem Geschrei *(Bewegungsüberempfindlichkeit)*.

Dadurch, daß Daniel so viele Lernmöglichkeiten vermeidet, kommt es zu einem *Entwicklungsrückstand*. Es ist wichtig, daß dieser früh erkannt wird und daß Daniel einer geeigneten Therapie zugeführt wird, da Entwicklungsrückstände im frühen Kindesalter am leichtesten aufzuholen sind.

1 Jahr

Daniel bewegt sich selber sehr wenig. Er dreht sich kaum von einer Seite auf die andere und robbt nur selten zu einem Spielzeug hin, obwohl er robben kann. In der Regel schreit er so lange, bis ihm das gewünschte Spielzeug gebracht wird. Er spielt viel im Sitzen und verändert seine Position dabei nur wenig *(Bewegungsvermeidung)*.

Daniel beginnt erst jetzt zu *krabbeln*.

Dabei bewegt er sich langsam und *übervorsichtig*. Er legt nur die Faust und nicht die ganze Handfläche auf dem Boden auf. Die Berührung des Bodens mit der empfindlichen Handinnenfläche ist ihm sichtlich unangenehm.

1 – 1½ Jahre

Es ist schwierig, auf Daniel richtig einzugehen. Er bewegt sich selber nicht gerne, will aber andererseits nicht getragen werden und dennoch am Ort des Geschehens sein. Die Irritation durch Bewegung ist für sein Gleichgewichtssystem so gravierend, daß er Bewegungen weitgehend vermeidet.

1½ – 2 Jahre

Sehr langsam und vorsichtig zieht sich Daniel an Möbeln hoch und beginnt, daran entlangzulaufen *(Spätes Laufen)*.

2 – 2½ Jahre

Erst jetzt *läuft Daniel frei*. Er fällt oft hin, da er Unebenheiten nicht richtig erkennen und einschätzen kann.

Daniel stützt sich dabei nicht ausreichend ab *(Schlechte Stützreaktion)*; seine Bewegungsplanung ist nicht gut entwickelt, da er durch seine Bewegungsvermeidung zu wenig Erfahrung sammeln konnte.

Daniel spielt nicht gern im Sandkasten. Sobald seine Hände schmutzig sind, will er sie waschen, während normalerweise die meisten Kinder in diesem Alter es lieben, im Dreck zu matschen *(Taktile Überempfindlichkeit)*.

Knuddeln, streicheln oder sonstige liebevolle Körperberührungen empfindet er als unangenehm, vermeidet sie und wehrt sich dagegen.

2½ – 3 Jahre

Daniel hat Schwierigkeiten, Tischhöhen richtig einzuschätzen. Wenn er unter dem Tisch aufsteht, stößt er sich häufig den Kopf. Ebenso kann er nicht abschätzen, ob er unter einem Stuhl oder einem Bett durchpaßt. Spielsachen, die unter das Bett rollen, sind für ihn deshalb nicht mehr zu erreichen.

Wenn Daniel am Bordstein entlangläuft, tritt er immer wieder auf die Straße hinunter. Er kann die räumliche Tiefe nicht erkennen.

Daniel klettert kaum auf Möbel oder Spielgeräte und ängstigt sich vor Schaukeln und Rutschbahnen. Jede Beschleunigung, Drehung oder schnelles Bewegtwerden ist für ihn unangenehm.

Im Auto wird es ihm, auch auf kleinen Strecken, leicht übel, und nach längeren Fahrten ist es ihm schwindelig.

Daniel probiert immer wieder, auf seinem Dreirad zu fahren. Es ist ihm aber kaum möglich, gleichzeitig zu treten, zu lenken und zu schauen *(Koordinationsstörungen)*.

Er ist mit seinem Wollen und Können immer wieder im Zwiespalt. Wenn er irgendwo hochklettert, bekommt er Angst und schreit. Sobald ihm heruntergeholfen wird, ist er wütend, da er sein Unvermögen spürt.

3 – 3½ Jahre

Im Spiel mit anderen Kindern ist Daniel sehr unsicher. Er kann ihre Handlungsweisen nur sehr schlecht einschätzen. Deshalb spielt er lieber allein oder in der Nähe seiner Eltern.

Er ist extremen *Stimmungsschwankungen* unterworfen und scheint aus dem Trotzalter kaum herauszukommen. Kleinigkeiten bringen ihn in große Wut oder zur Verzweiflung. In solchen Situationen ist er fast untröstlich.

3 1/2 – 4 Jahre

Daniel geht *ungern in den Kindergarten*. Die anderen Kinder sind ihm zu laut und zu wild. Er kann ihre Spiele nicht überschauen. Durch die vielen Reize ermüdet er rasch.

Er malt gerne und benennt dabei alle seine Darstellungen.

Das Gemalte ist aber für den Betrachter kaum zu erkennen und chaotisch über das Blatt verteilt *(Chaotisches Malen)*.

Daniels *Sprache* ist holprig und unrhythmisch. Er vertauscht Buchstaben im Wort und Wörter im Satz, da er sich die richtige Reihenfolge nicht merken kann. Auch beim Erfassen der Handlungsreihenfolge bei alltäglichen Verrichtungen hat er Schwierigkeiten.

Er weiß zum Beispiel nicht, ob zuerst die Unterhose, die Strumpfhose oder die Hose angezogen wird *(Selbständigkeit)*.

4 – 4 1/2 Jahre

Daniel hat große Schwierigkeiten in der *Planung seiner Bewegungen*. Er kann zum Beispiel hilflos auf der Leiter einer Rutschbahn stehen und hat keine Idee, wie er von dort auf die Rutschfläche kommen soll. Dies ist die Folge seiner generellen Bewegungsvermeidung.

Daniel kann sich nicht selber anziehen. Er weiß die Reihenfolge der Kleidungsstücke nicht und erkennt nicht, wo vorne und hinten ist. Dadurch hat er Schwierigkeiten, am Pullover Ärmel und Ausschnitt zu finden. Meist verdreht er seine Schuhe.

Wenn er sich im Dunkeln oder rückwärts bewegen muß, das heißt, ohne etwas sehen zu können, kann er sich nicht im Raum orientieren, was für seine gleichaltrigen Freunde kein Problem ist *(Braucht optische Kontrolle)*.

Bei fast jeder Handlung muß Daniel mit der Enttäuschung fertig werden, daß zum Beispiel sein Legohaus völlig anders wird, als er sich dies vorgestellt hat. Wie auch beim Malen hat er beim Bauen Schwierigkeiten, eine gedachte oder gesehene Form umzusetzen. Er sieht die Unterschiede, kann sie aber nicht korrigieren. So passiert es immer wieder, daß er wütend seine Arbeit zerstört und die Teile durch den Raum fliegen.

Beim Malen hat Daniel große Schwierigkeiten. Seine Männchen fliegen irgendwo auf dem Blatt herum, und der Körper der Männchen ist völlig falsch zusammengesetzt. Genauso ist seine innere Vorstellung von seinem Körper, das sogenannte Körperschema.

Im Kindergarten kann er sich kaum die Reime und Lieder merken, die in der Gruppe geübt werden *(Herabgesetzte Merkfähigkeit)*.

Er kann auch nicht den Takt dazu klatschen oder sich im Rhythmus einer Trommel bewegen.

5 – 5 1/2 Jahre

Daniel kann nicht mehrmals hintereinander seitlich über ein Seil hin- und herspringen. Er hat offensichtlich keine sichere Vorstellung von der Richtung, in die er hüpfen soll *(Richtungslabilität)*. Auch beim Ballspiel hat er Schwierigkeiten: Er überblickt das Spielgeschehen nicht, und seine Bewegungen sind zu langsam.

5 1/2 – 6 Jahre

Daniel kann sich immer noch nicht allein anziehen, verdreht seine Schuhe und findet kaum in die Jacke hinein.

Er kann sich nur schwer räumlich orientieren und findet Wege nur, nachdem er sie sehr oft gegangen ist *(Orientierungs-*

probleme). Im Supermarkt findet er sich überhaupt nicht zurecht; das Warenangebot ist ihm zu unübersichtlich, und er verirrt sich in den Regalreihen. So kann er selbst kleinere Einkäufe nicht erledigen.

Es ist ihm fast nicht möglich, komplexe verbale Aufforderungen umzusetzen, zum Beispiel: „Rutsche so auf dem Bauch die Rutschbahn herunter, daß deine Füße zuerst unten ankommen“ *(Sprachverständnis-Schwierigkeiten).* Während er überlegt, wo sein Bauch ist und wie er sich darauflegen kann, hat er den Rest des Satzes schon wieder vergessen. Ebensowenig kann er vorgemachte Bewegungen oder Tätigkeiten nachmachen. Er hat keine Vorstellung davon, wie er sie mit seinem Körper umsetzen soll. Er probiert es, aber es kommt etwas ganz anderes dabei heraus. Im Eltern-Kind-Turnen fällt dies deutlich auf.

Durch seine starken emotionalen Schwankungen, seine großen Handlungs- und Orientierungsschwierigkeiten ist Daniel noch *nicht schulreif* und wird zurückgestellt.

6 – 6 ½ Jahre

Daniel lernt sehr schwer Fahrrad fahren. Er kann nicht gleichzeitig die Balance halten, treten, lenken und schauen. Vom Hampelmannsprung kann er entweder mit den Füßen den Grätschsprung hüpfen oder die Hände über dem Kopf zusammenschlagen. Beides zusammen ist ihm nicht möglich *(Koordinationsstörungen).*

6 ½ – 7 Jahre

In der Schule lernt Daniel das *Schreiben* nur schwer. Zusätzlich muß er in der Ergotherapie die Grundformen der Schrift auf unterschiedliche Weise über den Körper erfahren, da dies in der Schule zuwenig gemacht wird. Daniel muß die Form nachlaufen, nachbauen, nachfahren, ertasten oder mit Handführung großräumig malen. So erhält er eine innere Vorstellung von ihr.

Daniel hat Schwierigkeiten, Wörter von der Tafel in sein Heft zu übertragen. Oft merkt er, daß sein abgeschriebenes Wort anders aussieht, kann den Fehler aber nicht finden und entsprechend korrigieren.

Beim Rechnen kann er sich auch kleine Mengen nicht vorstellen und muß alle Rechenprozesse an den Fingern abzählen *(Rechenschwäche)*.

Daniel hat in der Schule vielfältige Probleme und geht nicht gerne hin. Die Hausaufgaben sind für ihn eine Quälerei, und er braucht sehr lange dazu. Bei allen Aufgaben braucht er viel Hilfe und geduldige Unterstützung.

Daniel reagiert auf Berührungs- und Bewegungsreize überempfindlich. Sein Gehirn ist nicht in der Lage, Umweltreize richtig zu verarbeiten und zu integrieren. Die Reize irritieren ihn und er reagiert ängstlich und mit einer allgemeinen Vermeidungshaltung. Dadurch sind seine Lernmöglichkeiten eingeschränkt, und seine Entwicklung ist verzögert.

Bewegungsauffälligkeiten und Wahrnehmungsstörungen

Bewegungsauffälligkeiten und Wahrnehmungsstörungen haben vielschichtige mögliche Ursachen und beeinflussen sich gegenseitig. Damit Sie betroffene Kinder besser verstehen können, werden Fachbegriffe und Zusammenhänge dargestellt und mit Beispielen anschaulich gemacht.

Was ist Wahrnehmung? Was sind Wahrnehmungsstörungen?

Perzeption/Sensorische Integration

Wahrnehmung wird auch mit dem lateinischen Begriff Perzeption oder als Sensorische Integration bezeichnet. Sensorische Integration bedeutet, daß die Gesamtheit aller sinnlichen Eindrücke zu einer Ganzheit zusammengebracht werden. Die Wahrnehmung eines Menschen ist die Aufnahme von Reizen aus der Umwelt und aus seinem Körper, deren Weiterleitung zum Gehirn und deren Verarbeitung. Die Reize werden über sieben verschiedene Sinnessysteme aufgenommen und zum Gehirn weitergeleitet. Dort werden die Informationen verarbeitet.

Nahsinne

Die Sinnessysteme werden in Nah- und Fernsinne unterteilt:

Bei den Nahsinnen besteht der unmittelbare Kontakt des Körpers mit der Reizquelle. So muß zum Beispiel eine Hand meine Haut berühren, damit ich spüre, und ich muß etwas in den Mund nehmen, um den Gegenstand zu schmecken und seine Oberfläche zu erfahren.

Zu den Nahsinnen gehören:

- Der Tastsinn der Haut, der auch als Oberflächensensibilität oder taktiles System bezeichnet wird.
- Der Gleichgewichtssinn im Labyrinth des Innenohrs, der auch als vestibuläres System bezeichnet wird.
- Der Bewegungssinn der Muskeln, Sehnen und Gelenke, der auch als Tiefensensibilität oder als propriozeptives oder kinästhetisches System bezeichnet wird.
- Der Geschmackssinn der Zunge und des Gaumens, der auch als gustatorisches System bezeichnet wird.

Fernsinne

Bei den Fernsinnen ist die Reizquelle vom Körper entfernt und wird dennoch wahrgenommen. Zum Beispiel sehe ich mit den Augen einen Vogel hoch über mir.

Zu den Fernsinnen gehören:

- Der Sehsinn der Augen, der auch als visuelles System bezeichnet wird.
- Der Hörsinn in der Hörschnecke des Innenohrs, der auch als akustisches oder auditives System bezeichnet wird.
- Der Geruchssinn der Nase, der auch als olfaktorisches System bezeichnet wird.

Gut integrierte Nahsinne sind die Grundlage für eine optimale Entwicklung der Fernsinne.

Die Verarbeitung aller Sinneseindrücke findet in verschiedenen Zentren des Gehirns statt. Nur ein sehr geringer Teil davon gelangt uns zu Bewußtsein. Über 99 % aller Sinneseindrücke, die wir aufnehmen, werden abgeblockt und bleiben unbewußt. Die Auswahl, das heißt, welche Reize bewußt wahrgenommen werden, ist individuell sehr unterschiedlich. Neue Reize werden mit bisherigen Erfahrungen mit der Umwelt und der Eigenwahrnehmung verglichen, eingeordnet und gespeichert. Jeder Mensch, auch schon das Neugeborene, das bereits im Mutterleib Erfahrungen machte, kann an diese Vorerfahrungen neue Informationen anknüpfen. Für die Aufnahme von Sinnesreizen ist somit die Menge der gespeicherten Vorerfahrungen wichtig, an die neue Informationen angeknüpft werden können. Sind diese Vorerfahrungen vielseitig, können auch vielseitige Verbindungen hergestellt werden. Zusätzlich sind der Wach- und Aufmerksamkeitsgrad, die Erwartungshaltung, Emotionen und die Motivation sowie die Intensität des Reizes für dessen Aufnahme ausschlaggebend. Erwartete Reize werden schneller aufgenommen als unerwartete und positive besser als negative. Spaß haben ist der Inbegriff für gutes Lernen!

Lernen

Permanent gilt es, Wichtiges von Unwichtigem zu trennen und die Konzentration auf relevante Dinge zu lenken. Nur dadurch ist Lernen und angepaßtes Reagieren überhaupt möglich.

Hyperaktive Kinder

Kinder, die diese Trennung nicht ausreichend durchführen können, also aufgenommene Sinnesreize zu wenig abblocken und filtern können, sind oft hyperaktiv. Sie sind von den verschiedenen Sinnesreizen überflutet und wirken dadurch unkonzentriert. Ihre Aufmerksamkeit springt von einer Reizquelle zur nächsten, und sie haben Schwierigkeiten, sich länger mit einer Sache zu beschäftigen. Somit können sie verschiedene Sinnesqualitäten nur unzureichend erfahren, aufnehmen und verarbeiten. Dadurch fehlt eine ausreichende Wiederholung, damit Erfahrenes behalten werden kann und sich Bewegungsabläufe automatisieren können.

Automatisierung

Wenn ein Kind zum Beispiel lernt radzufahren, ist seine gesamte Aufmerksamkeit auf diese Bewegungskoordination gerichtet. Es hört und sieht währenddessen seine Umgebung viel zu wenig, da sein Gehirn diese Sinnesinformationen abblockt. Erst wenn sich seine Bewegungen durch ständiges Wiederholen automatisiert haben, kann es seiner Umgebung mehr Aufmerksamkeit schenken und wieder auf den Verkehr achten.

Informationsverknüpfung

Ein Neugeborenes kann Wahrnehmungen aus verschiedenen Sinnessystemen noch nicht koordinieren. Es greift nicht bewußt nach der Brust, an der es saugt, und sieht einen ergriffenen Gegenstand nicht gezielt an.

Erst mit drei bis vier Monaten kann ein Kind Informationen aus verschiedenen Sinneskanälen, zum Beispiel Sehen, Hören und Berühren, miteinander in Verbindung bringen. Beim Stillen ergreift es die Brust, an der es trinkt, und betrachtet und befühlt aufmerksam alles Ergriffene. Mit acht bis neun Monaten entwickelt das Kind die Fähigkeit, eine zeitliche Abfolge und räumliche Beziehungen verschiedener Reizinformationen zu erkennen, zu behalten und in Handlung umzusetzen. Zum Beispiel hält es in beiden Händen Bauklötze und schlägt diese aneinander. Das Kind stellt die Verbindung zwischen den Klötzen in seinen Händen und dem Geräusch her, das es erzeugt hat. Erst dadurch kann es diese Handlung bewußt wiederholen.

Intelligenz

Besonders die Informationen aus dem Tast-, Bewegungs- und Gleichgewichtssinn in den ersten sieben Lebensjahren des Kindes sind von fundamentaler Bedeutung für die Entwicklung seiner Handlungsfähigkeit und Intelligenz. Sie sind zudem die

Basis für ein gesundes emotionales Gleichgewicht und Selbstbewußtsein des Kindes.

Zuneigung

Zur optimalen Entwicklung sollte ein Kind vielfältigste Erfahrungen über alle Sinne machen können. Es braucht Zuneigung wie Schmusen und Knuddeln genauso wie Matschen, Toben, Klettern und Rennen, um ein liebevoller, lebensbejahender, interessierter und geschickter Mensch zu werden.

Reizarmut

Das Kind, das in einer reizarmen Umgebung aufwächst, in der es wenig berührt wird, wenig spielt und sich wenig bewegen kann, entwickelt keine altersentsprechenden motorischen, emotionalen und geistigen Fähigkeiten. Eine reizarme Umgebung findet sich häufig in Heimen, Krankenhäusern oder in Familien, die die normale kindliche Neugier und den Bewegungsdrang nicht ausreichend befriedigen können oder in der viele Verbote bestehen. Diese Kinder stehen in ihrer Entwicklung deutlich sichtbar hinter ihren Altersgenossen zurück.

Was ist eine Wahrnehmungsstörung?

Eine Wahrnehmungsstörung ist eine Störung entweder in der Aufnahme, der Weiterleitung oder der Verarbeitung von Sinnesreizen zum und im Gehirn. Störungen bei der Auswahl und Filterung, beim Vergleichen und Speichern von Informationen führen zu falschen Reaktionen des Kindes.

Organstörung

Um eine Wahrnehmungsstörung sicher erkennen zu können, muß zuvor eine Organstörung zum Beispiel des Auges oder des Gehörs durch den Facharzt ausgeschlossen werden.

Störungen im vestibulären und im taktilen System zeigen sich entweder in einer Über- oder Unterreaktion. Störungen im propriozeptiven System wurden bisher nur bei unterempfindlich reagierenden Kindern beobachtet.

Jedes Kind weist seine eigene Symptomatik auf, und seine Probleme sind individuell sehr verschieden. Nur durch genaue Beobachtungen und Tests können die Auffälligkeiten und Schwierigkeiten herausgefunden und richtig interpretiert werden. Dies ist die Grundlage, um das Kind bei der Bewältigung seiner Schwierigkeiten zu unterstützen.

Erfahrungsfundament

Werden die Lücken im Erfahrungsfundament eines Kindes möglichst früh erkannt und durch geeignete Therapiemaßnahmen gefüllt, kann sich das Kind je nach Art und Schwere seiner Störung altersentsprechend weiterentwickeln. Je älter ein Kind bei der Feststellung eines Entwicklungsrückstandes ist, desto weiter klafft die Schere seines Erfahrungsdefizits auseinander, und es braucht in der Regel länger, um dieses aufzuarbeiten. Ist das Erfahrungsfundament eines Kindes schlecht oder lückenhaft, können komplexere Leistungen wie Schreiben oder Lesen lernen nicht oder nur unter großen Anstrengungen erbracht werden.

Ein Kind braucht sieben bis acht Jahre der Erfahrung aus Bewegung, Begreifen und Tun. Damit schafft es sich die Grundlage für seine intellektuelle, persönliche und soziale Entwicklung. Nur durch eigenes aktives und vielfältiges Handeln lernt es, die Umwelt zu verstehen.

Fernsehen

Jede Stunde vor dem Fernseher nimmt dem Kind diese Erfahrungsmöglichkeit. Es bewegt sich nicht und sitzt, durch visuelle und akustische Reize gebannt, vor dem Gerät. Sein Gehirn kann die schnelle Bild- und Szenenfolge nicht aufnehmen. Das Kind hat zudem nicht die Möglichkeit, Fragen zu stellen, wie dies bei einer vorgelesenen oder erzählten Geschichte möglich ist. Es ist durch die Reize völlig überflutet und kann sie nicht ausreichend verarbeiten. Es reagiert entweder überdreht, oder es wird antriebsarm und lethargisch. Das Kind sammelt während des Fernsehens keine eigenen Erfahrungen. Für das wahrnehmungsgestörte Kind ist dies besonders negativ, da es mehr Zeit als andere Kinder braucht, um aktive Erfahrungen zu sammeln. Auch angesichts der alarmierend zunehmenden Aggressivität und Gewalt, auch schon zwischen Kindern, durch unverarbeitete, verharmlosende Gewaltdarstellungen, ist vom zu häufigen Fernsehen abzuraten.

Ursachen von Wahrnehmungsstörungen

Ursachen von Wahrnehmungsstörungen sind nicht sicher erwiesen. Vermutungen und Beobachtungen lassen allerdings mehrere Ursachen in Betracht kommen:

Sauerstoffmangel des Gehirns vor, während oder nach der Geburt

Dieser kann verursacht werden durch Komplikationen während der Schwangerschaft, eine lange, komplizierte Geburt, zum Beispiel eine Zangengeburt, eine Nabelschnurumschlingung des Halses, oder Krankheiten des Kindes, wie zum Beispiel Fieberkrämpfe oder Pseudokruppanfälle in den ersten Lebensjahren.

Frühgeburt

Das Gehirn des Kindes ist unvollständig ausgereift. Die Nachreifung außerhalb des Mutterleibs ist durch unnatürliche und viel zu wenig Reizangebote verändert und somit die Entwicklung des Kindes verzögert.

Minimale Hirnblutungen, wie sie meist bei extrem zu früh geborenen Kindern vorkommen

Da das Gehirn zu früh geborener Kinder noch nicht ausgereift ist, kommt es in der Regel zu unterschiedlich starken Hirnblutungen. Diese Hirnblutungen verursachen Hirnfunktionsstörungen.

Infektionskrankheiten der Mutter während der Schwangerschaft

Durch Infektionskrankheiten der Schwangeren, zum Beispiel Rötelninfektion, kann unter anderem das Gehirn des Fötus geschädigt werden.

Alkohol-, Nikotin-, Medikamenten- und sonstiger Drogenkonsum der Mutter während der Schwangerschaft

Dieser führt zu Untergewicht bei der Geburt und zu einer erhöhten Krankheitsanfälligkeit des Säuglings. Dadurch sind seine Entwicklungsmöglichkeiten herabgesetzt.

Mangelnde Reizangebote während der Schwangerschaft und nach der Geburt

Die Sinnessysteme des Kindes bekommen zuwenig Reize, wenn die Mutter während der Schwangerschaft aus gesundheitlichen Gründen lange liegen muß oder wenn der Säugling in einer reizarmen Umgebung aufwächst wie in einem Heim, Krankenhaus oder einem lieblosen Elternhaus.

Umweltgifte in Luft, Wasser, Lebensmitteln, der Muttermilch und im häuslichen Umfeld wie in Putzmitteln, Baustoffen und Textilien

Diese führen zu verschiedenen Allergien und können eine Ursache für Hyperaktivität und diverse Hirnfunktionsstörungen sein. Dies ist leider noch wenig erforscht.

Andere Störungen, die den Wahrnehmungsstörungen ähnlich sind:

Genetische Disposition (Veranlagung)

Es gibt Bewegungsauffälligkeiten, die nicht aufgrund einer hirnorganischen Störung auftreten, sondern anlagebedingt sind. Sie dürfen nicht mit einer durch eine Wahrnehmungsstörung bedingten Bewegungsauffälligkeit verwechselt werden.

Gefühlsmäßige Ablehnung des Kindes während der Schwangerschaft und nach der Geburt

Sie führt beim Kind unter anderem zu Entwicklungsstörungen, die dem Bild einer hirnorganisch bedingten Bewegungs- und Wahrnehmungsstörung ähnlich sind.

Die einzelnen Sinnessysteme

Tast-, Gleichgewichts- und Bewegungssinn arbeiten eng zusammen und sind teilweise nur schwer voneinander abzugrenzen. Diese drei Sinnessysteme werden auch als Basissinne bezeichnet. Ihre gute Integration bildet die Basis für alle höheren Sinnesleistungen und Handlungen. Dies sind zum Beispiel: Sehen, Hören, Sprechen, Gehen und feinmotorische Verrichtungen wie Malen und Schreiben. Selbst die Entwicklung der Intelligenz hängt direkt davon ab. Ohne gut funktionierende Basissinne ist das Kind in seiner Gesamtentwicklung stark beeinträchtigt.

Die einzelnen Wahrnehmungssysteme

Der Tastsinn oder das taktile System

Das taktile System umfaßt unseren Körper mit seiner gesamten Hautoberfläche.

Es ist das erste Sinnessystem, das sich im Mutterleib entwickelt und schon dort voll funktioniert. Schon im zweiten Schwangerschaftsmonat reagiert der Embryo auf Berührungsreize mit Bewegungen seines ganzen Körpers.

Das Gleichgewichtssystem beginnt, ebenfalls in dieser Zeit zu arbeiten und registriert und steuert somit die Bewegungen des Embryos. Mit diesen beiden allerersten Sinnesinformationen werden alle weiteren Reize verglichen, eingeordnet und gespeichert. Berührungs- und Bewegungsreize haben schon im Mutterleib die Schlüsselrolle für die Entwicklung der Gehirnfunktion.

Berührungsreize sind eine wichtige Grundlage für das Wohlbefinden und das Sicherheitsgefühl jeden Kindes.

Urvertrauen

Dies wurde von Dr. F. Harlow in Versuchen an jungen Äffchen sehr eindrucksvoll demonstriert. Er nahm neugeborenen Äffchen die Mütter weg und zog sie mit künstlichen Drahtmüttern auf, die mit Samtstoff überzogen waren. Die Äffchen schmusten und kletterten an ihnen herum, als wenn es ihre echten Mütter wären, und bildeten auch eine gefühlsbezogene Bindung an diese Drahtmütter. Die Berührung von Samtstoff gab ihnen das Sicherheitsgefühl, das sie brauchten, um ihre Umgebung zu erforschen, und es beruhigte sie, wenn sie durch irgend etwas erschreckt wurden. Andere Äffchen, deren Mütter nur aus reinem Draht gefertigt worden waren, konnten diese gefühlsbezogene Bindung nicht aufbauen, selbst wenn diese „Mütter" regelmäßig eine Milchflasche hielten. Diese „Mütter" waren offensichtlich unangenehm zu berühren und befriedigten nicht die emotionalen Bedürfnisse der Affenjungen. Dr. Harlow schloß daraus, daß angenehme Berührungsempfindungen ein wichtiger Faktor für die emotionale Bindung des Kindes an seine Mutter sind. Dadurch wird dem Kind ein Sicherheitsgefühl vermittelt, das für seine Entwicklung wichtig ist. Durch diese Bindung hat es den Rückhalt und die Sicherheit, die es braucht, um sich später von der Mutter zu lösen. Erst dann kann es die Umwelt erforschen und eigene Erfahrungen sammeln.

Erste Gefühlsbindung

Berührung und Liebkosung sind elementare Bedürfnisse des Säuglings und beeinflussen sein ganzes Leben. Erste Gefühlsbindungen entstehen über Berührungsreize.

Selbst für Erwachsene ist Berührung für das allgemeine Wohlbefinden und für die Organisation des Gehirns unabläßlich. Durch Forschungsversuche wurde nachgewiesen, wie wichtig die Stimulation der Basissinne für die Organisation des Gehirns ist: Testpersonen hielten sich in Kammern auf, in denen sämtliche Umweltreize ausgeschaltet waren. Zusätzlich hatten diese Personen Anzüge an, die jegliche Berührungsstimulation und Körperbewegung verhinderten. Sie hatten verbundene Augen und verstopfte Ohren. Nach einigen Stunden begannen sich bei diesen Versuchspersonen die Hirnfunktionen zu desorganisieren. Sie entwickelten abnorme Ängste und akustische und optische Halluzinationen. „Wenn das Gehirn einem Mangel an sinnlicher Wahrnehmung ausgesetzt ist, zerfallen die Verarbeitungsprozesse für normale Reizwahrnehmung.“ (Ayres) Diese halluzinatorischen Erscheinungen hielten bei den Testpersonen auch noch einige Zeit an, nachdem sie die Kammern verlassen hatten.

Ständig sind wir zahlreichen, meist unbewußten Berührungsreizen ausgesetzt: der umgebenden Luft, Kleidung, die auf unserer Haut aufliegt, und Möbeln und Gegenständen, die wir berühren. Zudem jucken und kratzen wir uns, fahren uns durch die Haare oder verschränken Arme und Beine. Diese dauernde taktile Reizinformation ist von großer Bedeutung, damit das Gehirn in einem wohlgeordneten Zustand erhalten wird und der Mensch sich wohl fühlt.

Babymassage

Jeder von uns kennt das angenehme Gefühl, massiert zu werden. Auch ohne spezielle Massagetechniken sollten Kinder möglichst häufig gestreichelt und massiert werden. So können Pflegearbeiten wie Windelnwechseln oder Baden zu taktilen Erlebnissen werden. Schon wenige Tage alte Säuglinge können über eine Babymassage ganzheitlich stimuliert werden. Dabei werden ihr allgemeines Wohlbefinden und ihre Entwicklung gefördert, ihre Atmung vertieft sich, und der Kontakt zwischen Eltern und Kind wird positiv beeinflußt. Gleichzeitig werden die Verdauung, die Durchblutung und das Immunsystem angeregt. Frühgeborene und Kinder, die durch einen Kaiserschnitt zur Welt gekommen sind, sollten durch diese Säuglingsmassage besonders in ihrer Entwicklung unterstützt werden. Ihnen fehlen wichtige Sinnesinformationen, die sie bei einer ausgetragenen Schwangerschaft und einer normalen Geburt bekommen hätten.

Die Haut kann mit und ohne Öle massiert und gestreichelt werden.

Massageöle

Öle, die zur Ganzkörpermassage benutzt werden, sollten rein pflanzlich sein, zum Beispiel Mandel- oder Rosenöl. Mineralische Öle unterstützen die natürlichen Funktionen der Haut nicht und können die Poren verstopfen, die zur Hautatmung wichtig sind.

Auch Krabbelspiele und Kitzeln sind für die meisten Kinder und Erwachsenen sehr lustvoll.

Vielfältige taktile Erfahrungen sind für die Entwicklung des Kindes sehr wichtig. Indem der Säugling alles, was er ergriffen hat, in den Mund steckt, macht er wesentliche Sinneserfahrungen über seine Umwelt, die nicht verhindert werden dürfen.

Auch beim Robben und Krabbeln spürt das Kind verschiedene Oberflächen und Materialien. Seine Erfahrungswelt sollte dabei nicht auf zwei Quadratmeter Krabbeldecke beschränkt werden, auf der ein paar Spielsachen liegen. Viel wichtiger ist die Erfahrung von Sand, Gras, Holz und Steinen, und als Spielmaterial eignen sich oft Dinge aus unserem alltäglichen Leben, zum Beispiel Löffel, unbedrucktes Papier etc.

Protopathisches System/Epikritisches System

Das taktile System ist unterteilt in ein schützendes System, das auch protopathisches System genannt wird, und ein beurteilendes System, das auch epikritisches System genannt wird.

Mit dem protopathischen System können Berührungen nur wenig genau lokalisiert werden. Sie werden eher allgemein wahrgenommen und lösen bei uns Schutzreaktionen wie Zurückziehen, Vermeidung, Abwehr, Flucht oder Angriff aus.

Das epikritische System arbeitet eng mit der Tiefensensibilität zusammen und beurteilt, unterscheidet und differenziert Tasteindrücke. Über dieses System erhalten wir eine genaue Vorstellung von Oberflächen wie glatt und rauh, Formen wie rund und eckig und unseren Körper, das sogenannte Körperschema. Wir fühlen Berührung, Druck und Vibration und ob wir sanft oder hart, womit und an welcher Stelle berührt wurden.

Durch diese beiden Systeme sind wir in der Lage, richtig zu reagieren. Wir unterscheiden zwischen einer Schutzreaktion, zum Beispiel bei Verbrennen mit sofortigem Zurückziehen, und einer Beurteilungsreaktion, zum Beispiel ob wir Münzen oder Knöpfe in der Hand halten.

Das Gleichgewichtssystem oder das vestibuläre System

Das vestibuläre System ist schon im 2. und 3. Schwangerschaftsmonat angelegt und bereits im 6. Schwangerschaftsmonat ausgereift, soweit Stimulationen durch Eigenbewegung des Embryos und Bewegungen der Mutter ausreichend stattfinden. Wenn eine Schwangere durch Komplikationen liegen muß, kann es durch mangelnde Stimulation des Embryos zu Entwicklungsstörungen beim Kind kommen. Ebenso unterbricht eine vorzeitige Geburt diese notwendige Reizzufuhr. Dadurch sind Frühgeborene oftmals bis ins Schulalter in ihrer Entwicklung verzögert. Damit sie sich wie normal ausgetragene Kinder entwickeln können, ist eine zusätzliche und frühzeitige Stimulation des vestibulären und des taktilen Systems notwendig.

Schon im Brutkasten sollten Frühgeborene in Hängematten gelegt und mehrmals täglich geschaukelt werden. In einigen Kinderkliniken werden zur Stimulation Brutkästen eingesetzt, die sich rhythmisch bewegen. Zusätzlich sollten Frühgeborene genauso wie andere Neugeborene ausgiebig liebkost und massiert werden.

Gleichgewicht/Muskeltonus

Über die Informationen des vestibulären Systems und des Bewegungssinnes, die beide eng zusammenarbeiten, können wir uns gegen die Schwerkraft aufrecht halten. Dazu ist eine körpereigene Grundspannung der Muskeln notwendig. Diese Muskelspannung wird als Muskeltonus bezeichnet. Bei einem nicht gut funktionierenden vestibulären System ist der Muskeltonus schlaff, und die Kinder brauchen mehr Energie, um ihren Körper aufrecht zu halten, als Kinder mit einem angepaßten Tonus. Sie ermüden rascher, stützen ihren Kopf auf und spielen am liebsten im Sitzen.

Ca. 80 % aller Kinder mit Entwicklungsstörungen haben zusätzlich Schwierigkeiten bei der Gleichgewichtsregulierung.

Die Anziehungskraft der Erde ist eine ständige Sinnesreizung, die unbewußt auf unser Gehirn einwirkt. Sie ist ein grundsätzliches Bezugssystem für alle Sinneswahrnehmungen. Entfernungen und räumliche Beziehungen wie oben, unten, neben, hinten, weit und nah können dadurch erkannt und hergestellt werden.

Neben der Anziehungskraft der Erde spüren wir durch das vestibuläre System, ob wir stillstehen oder uns bewegen, ob die Bewegung schnell oder langsam ist, und wir spüren die Richtung dieser Bewegung und einen Richtungswechsel. Zusätzlich spüren wir über den Bewegungssinn, ob sich der gesamte Körper oder nur ein Teil bewegt. Schon im 2. und 3. Monat lernt ein Säugling seinen Kopf zu heben und Kopf und Augen stabil zu halten. Erst dadurch kann er Gegenstände fixieren und scharf sehen. Wenn Rumpf, Kopf und Augen nicht stabil gehalten werden können, verschwimmen Objekte vor den Augen, oder sie werden übersehen oder nicht im richtigen Bezug zum Körper eingeschätzt. Wenn die Information des vestibulären Systems schlecht verarbeitet wird, hat ein Kind Schwierigkeiten, Gegenstände, die vor seinen Augen hin und her bewegt werden, zu fixieren und die Bewegungen mit den Augen zu verfolgen. Statt sich gleichmäßig zu bewegen, bleiben die Augen zurück und bewegen sich dann sprunghaft, um den Gegenstand wieder einzufangen. Einige spätere Auswirkungen davon sind, daß es für dieses Kind schwierig ist, Ball zu spielen, beim Lesen in der Zeile zu bleiben, eine gerade Linie zu malen oder von der Tafel abzuschreiben. Es muß sich sozusagen mit den Augen festhalten, um nicht die Orientierung im Raum zu verlieren. Mit geschlossenen Augen ist dieses Kind in seinen Bewegungen sehr unsicher und kann sich im Raum kaum orientieren. Somit ist eine Störung im vestibulären System eine Ursache für eine Verarbeitungsstörung des Sehsinns, die wiederum zu vielfältigen Lernstörungen führen kann.

Informationen des vestibulären Systems sind unbewußt. Lediglich bei einer Überstimulation, wenn wir uns zum Beispiel zu stark im Kreis drehen, Karussell oder Schiff fahren, kann es uns schwindelig oder sogar übel werden. Dagegen wirkt im Normalfall eine leichte Schaukelbewegung, die wir aus dem Mutterleib kennen, eher beruhigend.

Der Bewegungssinn oder das propriozeptive oder kinästhetische System

Der Bewegungssinn wird auch als Tiefensensibilität oder propriozeptives System (Eigenwahrnehmung) oder kinästhetisches System (Bewegungsempfinden) bezeichnet.

Das propriozeptive System ist nur schwer vom taktilen System zu trennen. Leichte Berührung unserer Haut spricht das taktile System an. Wird diese Berührung verstärkt, entsteht ein Druck, der über Sinneszellen in Muskeln, Sehnen und Gelenken aufgenommen und weitergeleitet wird; das propriozeptive System wird aktiviert.

Körperschema

Über dieses System erhalten wir die Eigenwahrnehmung unseres Körpers. Wir „wissen“ und fühlen unbewußt, wo sich einzelne Körperteile und Gliedmaßen befinden, in welcher Stellung sie sind und ob sie ruhiggehalten oder bewegt werden. So wissen wir zum Beispiel, ohne überlegen oder hinsehen zu müssen, ob wir unsere Arme gestreckt über dem Kopf hin- und herbewegen und finden mit geschlossenen Augen mit der Fingerspitze unsere Nase.

Diese Reize werden über den Dehnungszustand einzelner Muskeln, den Spannungszustand einzelner Sehnen und die Stellung der Gelenke wahrgenommen.

Über das propriozeptive, das taktile und das vestibuläre System bilden wir ein unbewußtes „Wissen“ über unseren Körper, das sogenannte Körperschema. Hierunter verstehen wir die Summe aller auf den Körper bezogenen Empfindungen und Erfahrungen. Wir wissen, vielmehr fühlen die Ausmaße, Fähigkeiten und Grenzen unseres Körpers, kennen seine Bewegungsmöglichkeiten und sein Gewicht.

Unser Gehirn speichert sämtliche Empfindungen und die Erfahrungen unseres Körpers, auch jene, die im Mutterleib gemacht wurden. Am Ende der Schwangerschaft erfährt der Embryo durch die Enge im Uterus mehr und mehr die Grenzen seines Körpers. Extrem wird das propriozeptive System während der Geburt stimuliert. Diese Reize sind für die Gehirnreifung wichtig und fehlen den Kindern, die durch einen Kaiserschnitt zur Welt gekommen sind. Diese Kinder sollten nach der Geburt oft getragen und massiert werden, um dieses Defizit aufzuholen.

Körpergrenzen

Um die Grenzen ihres Körpers weiter spüren und erfahren zu können und ihr propriozeptives System zu stimulieren, lieben es Kinder, Begrenzung und Berührung zu spüren. Sie sitzen gern in Kisten und Fahrzeugen, liegen in einer Ecke ihres Bettchens oder bauen sich Höhlen.

Aus diesem Grund ziehen oder schieben sie auch gerne schwere Gegenstände umher.

Obwohl wir uns ständig bewegen, „wissen" wir unbewußt genau über unsere Körperstellung Bescheid.

Bei jeder Körperbewegung wird das Körperschema aktualisiert. Nur dadurch können wir blitzschnell die nächste Bewegung exakt vorausplanen, und es entsteht ein angepaßter Bewegungsfluß.

Ist das Körperschema gut entwickelt, kann ein Kind seine Bewegungen gut planen. Es schätzt zum Beispiel ab, ob es auf einen Baum klettern kann. Es „weiß", ob es groß genug ist, den ersten Ast zu erreichen und kann seine Körperspannung so aufbauen, halten und regulieren, daß es sich daran hochziehen kann. Auf dem Ast vermag es seine Bewegungen so zu dosieren und zu koordinieren, daß es im Gleichgewicht bleibt und nicht herunterfällt. Beim Absprung kann es die Höhe richtig abschätzen, um sich geschickt abfangen zu können.

Geschicklichkeit

Wiederholt ein Kind bestimmte Bewegungen, muß es diese immer weniger bewußt planen. So werden Bewegungen automatisiert, und das Kind entwickelt seine Geschicklichkeit. Es ist wichtig, daß Bewegungen automatisiert ablaufen, da unser Gehirn nicht gleichzeitig zwei motorische Handlungen planen kann. Wenn ein Kind zum Beispiel lernt radzufahren, kann es dabei nicht gleichzeitig sprechen. Es benötigt seine gesamte Aufmerksamkeit für die Bewegungsplanung beim Fahrradfahren. Da auch zum Sprechen Bewegungsplanung benötigt wird, ist dies nicht gleichzeitig möglich.

Der Sehsinn oder das visuelle oder optische System

Ab dem 8. Schwangerschaftsmonat kann der Embryo Lichtreize wie Hell und Dunkel wahrnehmen. Die Pupillen von Neugeborenen reagieren sofort nach der Geburt auf Lichtreize. Dies gilt für Frühgeborene gleichermaßen wie für ausgetragene Säuglinge. Bei grellem Licht blinzeln sie, werfen den Kopf in den Nacken, und der Atem- und Herzrhythmus verändert sich. Wie auch Erwachsene bevorzugen sie einen mittleren Helligkeitsgrad. Die Geburt in einem grell erleuchteten Raum und der Aufenthalt Frühgeborener in ständig erleuchteten Brutkästen ist traumatisch für diese Kinder.

Das Neugeborene kann Entfernungen von ca. 30 cm scharf sehen. Dies entspricht seinem Bedürfnis, das Gesicht seiner Eltern sehen zu können. Das Tiefensehen und die Fähigkeit, Entfernungen einzuschätzen, entwickelt sich dadurch, daß das Kind seine Eltern mit den Augen verfolgt, nach Gegenständen greift, sich selber bewegt und dadurch aktiv Entfernungen erfährt.

Schon vier Monate alte Babys können Farben sehen. Sie betrachten diese länger als Grautöne, gemusterte Flächen länger als einfarbige, dreidimensionale Gegenstände ausgiebiger als zweidimensionale und Gesichter lieber als alles andere.

Farben wirken intensiv auf unser Stimmungs- und Gefühlsleben. Es gibt Farben, die uns aktivieren, wie grelles Rot, oder beruhigen, wie dunkles Grün. Das Wissen darüber kommt unter anderem in der Farbtherapie zur Anwendung.

Die visuelle Wahrnehmung gliedert sich in fünf verschiedene Teilbereiche:

Die visuomotorische Koordination

Die visuomotorische Koordination ist die Fähigkeit, das Sehen mit den Bewegungen des Körpers oder Teilen des Körpers zu koordinieren. Wenn ein Kind einen Ball tritt oder fängt oder eine Fläche ausmalt, wird seine Bewegung durch die Augen gelenkt. Fast jede Handlung hängt von der guten Koordination von Augen und anderen Körperteilen ab.

Die Figur-Grundwahrnehmung

Die Figur-Grundwahrnehmung ist die Fähigkeit, eine Figur vor einem unwichtigen Hintergrund scharf zu sehen: zum Beispiel die Eltern in einer Menschenansammlung zu erkennen. Wir sehen am deutlichsten die Gegenstände, auf die wir unsere Aufmerksamkeit richten. Die anderen bleiben im Hintergrund und werden nicht deutlich wahrgenommen. Bewußt können wir unsere Aufmerksamkeit vom Vordergrund auf den Hintergrund und umgekehrt richten.

Die Wahrnehmung der Formkonstanz

Die Wahrnehmung der Formkonstanz ist die Fähigkeit, bestimmte sichtbare Eigenschaften einer Person oder eines Gegenstandes wie Form, Größe und Lage, unabhängig von ihrer Farbe, dem Material oder dem Blickwinkel zu erkennen. Zum Beispiel wird eine Uhr immer als Uhr erkannt, unabhängig davon, ob sie am Arm getragen wird, an der Wand hängt und rund oder eckig, groß oder klein ist.

Die Wahrnehmung der Raumlage

Die Wahrnehmung der Raumlage ist die Fähigkeit, die räumliche Beziehung zwischen der eigenen Person und einem Gegenstand oder einer anderen Person zu erkennen. Räumlich gesehen ist der Betrachter immer der Mittelpunkt seiner Umgebung. So können Gegenstände oder Personen als vor, hinter, über, unter oder seitlich bestimmt werden.

Die Wahrnehmung räumlicher Beziehungen

Die Wahrnehmung räumlicher Beziehungen ist die Fähigkeit, die Lage von zwei oder mehr Dingen oder Personen in bezug zu sich selbst und in bezug zueinander zu erkennen. So muß ein Kind, das Perlen auffädelt, die Lage von Perle und Schnur zu sich selbst wahrnehmen und zugleich die Beziehung zwischen Perle und Schnur zueinander herstellen.

Der Hörsinn oder das auditive oder akustische System

Im 3. Schwangerschaftsmonat ist das auditive System angelegt und im 7. Schwangerschaftsmonat so weit ausgereift, daß der Embryo auf Geräusche mit Bewegung reagiert. Auf laute Musik reagiert er oft mit heftigem Strampeln. Hingegen beruhigt ihn in der Regel harmonische und ruhige Musik wie zum Beispiel von Vivaldi und Mozart.

Während der Schwangerschaft hört der Embryo konstant die Stimme seiner Mutter und kennt sie. Ist sie zornig und laut, wirkt dies auf das Kind beunruhigend.

Gesunde Neugeborene hören ebensogut wie Erwachsene. Die Sinneszellen in unseren Ohren werden durch akustische Schwingungen der Luft gereizt. Dadurch können wir Tonhöhen sowie laute und leise Geräusche wahrnehmen. Geräusche exakt zu hören und zu differenzieren ist die Grundlage der Sprachentwicklung.

Hören, Sprache und Bewegung

Um sprechen zu können, ist zudem eine gute Bewegungsplanung im Mundbereich nötig. Die Bewegungsabläufe müssen so geplant und geordnet sein, daß die entstehenden Töne zu einem Wort geformt werden können und die Worte zu sinnvollen Sätzen. Dies ist nur möglich, wenn die Informationen über die Basissinne ausreichend integriert sind. 70% aller Kinder mit Sprachstörungen haben Störungen in der Verarbeitung der Basissinne: Eine verzögerte Sprachentwicklung kann somit ein Hinweis darauf sein. Sprache ist das Endprodukt gut integrierter Sinnessysteme.

Der Geschmackssinn oder das gustatorische System

Im 4. Schwangerschaftsmonat ist der Geschmackssinn ausgereift. Ungeborene trinken im letzten Schwangerschaftsdrittel stündlich zwischen 15 und 40 ml Fruchtwasser.

Schmecken ist eine grundlegende Möglichkeit des Kindes, die Dinge seiner Umgebung kennenzulernen. Schon im Mutterleib saugt es an seinen Händen und Füßen und trinkt Fruchtwasser. Während des 1. Lebensjahres erforscht das Kleinkind seine Umwelt sehr wesentlich über den Tastsinn im Mundbereich. Alles, was es ergreift, steckt es in den Mund. So erfährt es die Oberflächenbeschaffenheit und die Konsistenz verschiedenster Materialien und der Nahrung.

Diese Erfahrungen sollten die Eltern weitgehend zulassen und fördern. Nur durch eigene Erfahrungen lernt das Kind, daß Sand und Blätter tatsächlich nicht schmecken.

Wir können vier Geschmacksqualitäten unterscheiden: süß, salzig, sauer und bitter. Über diese Geschmacksqualitäten können wir die Nahrung auf ihre Qualität hin kontrollieren. Bitterer Geschmack warnt vor Giftigem, und schlechter Geschmack löst den Würgereflex aus.

Der Geruchssinn oder das olfaktorische System

Das olfaktorische System ist gegen Ende der Schwangerschaft vollständig ausgereift und bei der Geburt sehr gut entwickelt. Säuglinge erkennen ihre Mutter an ihrem körpereigenen Geruch. In Versuchen konnte festgestellt werden, daß ein Kind Schwierigkeiten hat, die Brustwarze zu finden, wenn seine Mutter zu stark parfümiert ist.

Der spezifische Geruch eines Menschen ist uns sympathisch oder unsympathisch. In der Redewendung: „Die kann ich nicht riechen!" kommt dies bildhaft zum Ausdruck.

Gerüche können uns beruhigen, aktivieren oder unsere Konzentration beeinflussen. Das Wissen darüber findet in der Aromatherapie seine Anwendung.

Der Geruchssinn löst die Speichel- und Magensaftsekretion aus. Neben dem Geschmackssinn ist er wichtig, um verdorbene Speisen zu erkennen.

Was ist der Tonus?
Was sind Tonusstörungen?

Die Grundspannung unserer Muskulatur wird Tonus genannt. Der Tonus ermöglicht es dem Menschen, sich gegen die Schwerkraft aufzurichten und sich durch das abgestimmte Zusammenspiel von Muskelfasern und -gruppen zu bewegen. Dies geschieht je nach den Erfordernissen der Bewegung in ganzen Muskelgruppen oder -ketten.

Der Tonus wird durch Sinnesreize gesteuert und kann auch willentlich beeinflußt werden. Diese Sinnesreize werden in den Basissinnessystemen verarbeitet: dem taktilen, dem vestibulären und dem propriozeptiven System. Wenn eines dieser Systeme unzulänglich arbeitet, kann sich dies in einer Tonusstörung äußern. Der Tonus kann zu niedrig oder zu hoch sein.

Der Tonus ist zu niedrig (Hypotonie)

Dieser Zustand wird als Hypotonie bezeichnet. Kinder mit niedrigem Muskeltonus fallen durch eine Reihe von Bewegungs-Verhaltensweisen auf.

Überbeweglich

Sie sind in den Gelenken oft überbeweglich. Sie können zum Beispiel beim Aufstützen ihre Finger im Grundgelenk nahezu rechtwinklig abknicken. Als Kleinkinder krabbelten sie auch mit dieser Handstellung (siehe Foto S. 43).

Im Stehen drücken sie die Knie nach hinten durch, Knick-, Senk- oder Plattfüße sowie Haltungsschwächen in der Wirbelsäule sind häufige Erscheinungen bei diesen Kindern.

Auf dem Boden sitzen sie im sogenannten Najadensitz und mit deutlichem Rundrücken. Er gibt ihnen die größte Sitzstabilität, ist aber sehr schlecht für die Hüft- und Kniegelenke und sollte deshalb korrigiert werden (Titelbild).

Plumpes Gangbild

Hypotone Kinder haben meist ein plumpes Gangbild; ihr Rennen ist schwerfällig und langsam. Sie können nicht leise und elastisch auftreten und kaum auf einem Bein hüpfen. Das Aufkommen nach einem Sprung ist unelastisch, schwerfällig und laut, oder die Kinder klappen dabei völlig in sich zusammen.

Sie haben keine fließenden Bewegungsübergänge. Beim Ersteigen einer Treppe fällt auf, daß sie sich mit viel Energieaufwand ruckartig hochdrücken müssen. Gehen sie in die Hocke, gelingt dies nicht harmonisch – sie „plumpsen" hinunter und können nicht in der Hocke verharren.

Kraftlosigkeit

Hypotone Kinder sind kraftlos; kurzzeitig können sie Kraft aufbringen, wie beim Hochdrücken auf der Treppe. Über einen längeren Zeitraum können sie ihre Kraft jedoch nicht halten. Alle Bewegungen, die Schwung und Kraft erfordern, sind ihnen fast unmöglich: das kräftige Werfen eines Balls, sich flott auf ein Klettergerüst schwingen, das für Kinder im Vorschulalter typische Hinaufrennen einer Treppe, immer in schwungvoller Bewegung sein.

Im Alter von fünf bis sechs Jahren gehen diese Kinder die Treppe immer noch im „Kindernachstellschritt“ herunter. Dies ist durch ihren niedrigen Tonus bedingt und dadurch, daß ca. 70 % aller hypotonen Kinder Schwierigkeiten mit der Regulierung des Gleichgewichts haben.

Grobmotorik

Hypotone Kinder fürchten sich vor schnellen Bewegungen. Beim Ballfangen oder anderen schnellen Spielen haben sie große Schwierigkeiten und Angst. Wenn sie aus dem Gleichgewicht kommen, erfolgen ihre Ausgleichsbewegungen nicht ausreichend angepaßt, das heißt, die Reaktion erfolgt zu spät oder zu schwach.

Feinmotorik

Feinmotorische Verrichtungen, die einen exakt angepaßten Muskeltonus erfordern, fallen ihnen schwer und werden deshalb vermieden, zum Beispiel das Halten eines Stifts in der richtigen Schreibstellung. Der Mittel- und teilweise auch der Ringfinger werden als Hilfe dazugenommen. Um genug Muskelspannung aufzubauen, heben sie das Handgelenk von der Unterlage ab. Aus Schulter und Arm müssen diese Kinder dann viel Druck aufbringen, damit ein sichtbarer Strich zustande kommt. Deshalb bevorzugen sie Filzstifte. In dieser verkrampften Schreibstellung ist es den hypotonen Kindern nicht möglich, schwungvoll und mit der richtigen Kraftdosierung schreiben zu lernen. Verkrampfung, Schmerzen im Schulter-, Arm- und Nackenbereich, frühe Ermüdung der Hand, eine schlechte Schrift und langsames Schreiben sind die Folgen. Obwohl sie sich oft die größte Mühe geben, kommen sie nur zu kümmerlichen Ergebnissen. Dies drückt auf ihre Stimmung und dämpft ihre Bereitschaft zu schreiben.

Hypotone Kinder erleben früh, daß Bewegung für sie mühsam oder gar bedrohlich ist. Dies führt dazu, daß sie ängstlich und übervorsichtig werden und Bewegung weitgehend vermeiden. Diese Vermeidungshaltung und durch schlechte Erfahrung hervorgerufene mangelnde Anstrengungsbereitschaft birgt die Gefahr in sich, daß diese Kinder in ihrer motorischen und allgemeinen Entwicklung zurückbleiben. Wird die Tonusstörung nicht rechtzeitig erkannt, wird den Kindern oft unterstellt, sie seien antriebsarm oder faul. Diese Wesensart ist aber eher die Folge der negativen Erfahrung, die sie mit sich selbst und mit ihrer Umgebung gemacht haben.

Der Tonus ist zu hoch (Hypertonie)

Diese Kinder werden als hyperton bezeichnet. Sie wirken verkrampft und unharmonisch in ihren Bewegungen.

Eingeschränkte Beweglichkeit

Die Beweglichkeit ihrer Gelenke ist eingeschränkt. Alle Bewegungen, die eine vollständige Beugung oder Streckung der Gelenke verlangen, sind nur schwer möglich. Sie können nicht gleichzeitig mit gestreckten Beinen und geradem Rücken auf dem Boden sitzen, im sogenannten Langsitz, weil ihre Hüftbeugung eingeschränkt ist.

Grobmotorik

Hypertone Kinder haben Schwierigkeiten, in Bauchlage auf dem Rollbrett zu fahren. Ihnen fehlt die hierfür erforderliche Streckung in Beinen, Hüften, Rumpf und Schultern. Sie können schlecht im Schneidersitz sitzen. Durch die mangelnde Rumpfbeugung können sie kaum einen Purzelbaum schlagen.

Sie können keine rhythmischen Bewegungen ausführen, wie sie zum Beispiel beim Hampelmannsprung oder bei Schwungübungen erforderlich sind. Alle schnellen, dynamischen Bewegungen wie Rennen, Hüpfen, Ballspielen und Fangenspiel fallen ihnen schwer.

Feinmotorik

Bei allen feinmotorischen Verrichtungen wirken ihre Bewegungen verkrampft, verlangsamt und unharmonisch. Sie vermeiden nach Möglichkeit sämtliche feinmotorischen Bewegungen.

Ihre Schreibbewegung erfolgt nicht aus Hand- und Fingergelenken, sondern wird steif aus dem Schultergelenk geführt. Oft ziehen sie das Handgelenk von der Schreibunterlage hoch, da sich der erhöhte Tonus in einer allgemein verstärkten Beugung aller Gelenke zeigt. Schnelle Ermüdung und Unlust sind die Folge.

Normalisierung des Muskeltonus

Gemeinsam ist allen Kindern mit Tonusstörungen, daß diese zu Entwicklungs- und Lernstörungen führen, wenn sie nicht rechtzeitig erkannt und behandelt werden. Die Therapie zielt auf die Normalisierung des Muskeltonus ab.

Grob genommen ist es so, daß schnelle, kräftige Bewegungen den Tonus steigern, langsame, behutsame und bewußte Bewegungen den Tonus senken.

Eine ganzheitliche Behandlung berücksichtigt alle Sinnessysteme, die auf den Tonus einwirken.

Bereits vorhandene Entwicklungsrückstände müssen durch gezielte Übungs- und Lernangebote aufgeholt werden. Ergotherapie, Krankengymnastik, Mototherapie oder eine Reittherapie sind Möglichkeiten, Kinder mit Tonusstörungen zu fördern.

Was ist Koordination? Was sind Koordinationsstörungen?

Unter Koordination versteht man das harmonische Zusammenspiel von Muskelgruppen, Muskelketten und Körperteilen, damit eine bestimmte Körperbewegung zustande kommt.

Vereinfacht dargestellt ist eine Bewegung dadurch möglich, daß gegenüberliegende Muskelgruppen, die Beuge- und Streckmuskeln, harmonisch und wechselseitig zusammenarbeiten. Das Abwinkeln eines Armes geschieht, indem sich die Beugemuskeln zusammenziehen und die gegenüberliegenden Streckmuskeln entsprechend dehnen.

Steht dieses Zusammenspiel im Mißverhältnis, ist die Koordination gestört.

Jede größere Bewegung erfolgt in einer Muskelkette: Beim Aufstehen aus der Hocke in den Stand sind Muskeln von den Zehen bis zum Kopf beteiligt. Bei einer Koordinationsstörung ist somit keine fließende Bewegung möglich. Alle komplexeren Bewegungen wie Radfahren, Schwimmen und der Hampelmannsprung erfordern ein exaktes Zusammenspiel aller Körperteile. Koordinationsleistungen, bei denen Arme und Beine unterschiedliche Bewegungen ausführen, sind nur möglich, wenn die Körperkoordination gut ist.

Die Umgangssprache benützt bildhaft Vergleiche über die unterschiedliche Koordinationsfähigkeit der Menschen: flink wie ein Wiesel, schwerfällig wie ein Trampeltier, lahm wie eine Schnecke, springt wie eine Gazelle.

Dissoziation

Für eine gute Koordination ist nicht nur das harmonische Zusammenspiel der Muskeln wichtig, sondern auch exakte Einzelbewegungen, die sogenannte Dissoziation zum Beispiel eines Fingers. Ein Säugling bewegt sich in Massenbewegungen. Er hat

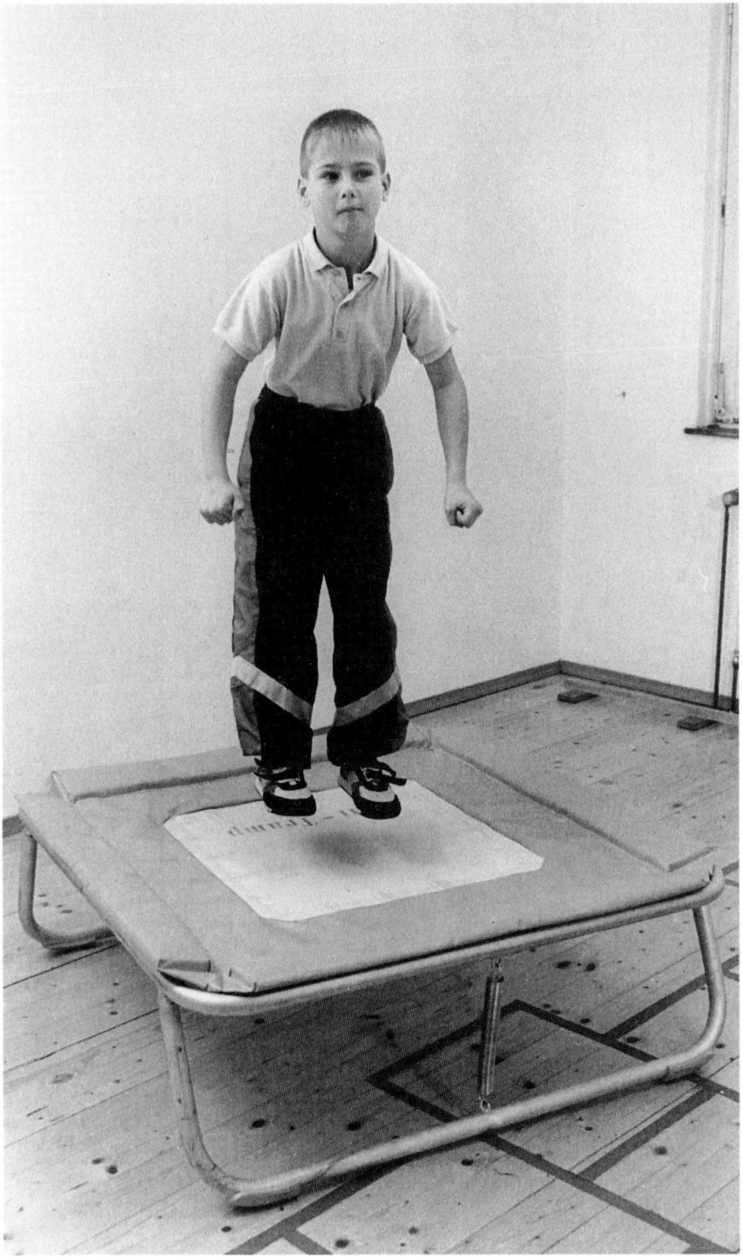

Verkrampfte Haltung – gefaustete Hände – kein harmonischer Bewegungsablauf

noch nicht die Fähigkeit zur Dissoziation. Erst im Laufe der Entwicklung lernt das Kind, einzelne Bewegungen auszuführen und andere dabei auszuschalten. So ist zum Beispiel das isolierte Strecken eines Fingers, während die anderen Finger gebeugt bleiben, und das Stehen auf einem Bein eine Dissoziationsleistung. Alle komplizierteren Koordinationsleistungen sind somit nur bei guter Dissoziation möglich.

Im Laufe seiner Entwicklung verbessert jedes Kind ständig seine Körpergeschicklichkeit.

Durch vielfältige Bewegungserfahrungen und durch Übung erworbener Fähigkeiten wird das kindliche Gehirn zur Reifung angeregt. Dieser Prozeß ist mit dem zehnten Lebensjahr weitgehend abgeschlossen.

Das Sprichwort: „Was Hänschen nicht lernt, lernt Hans nimmermehr“ bezieht sich auf Bewegungsfunktionen des Körpers. Der Mensch lernt sein ganzes Leben lang weiter. Aber ob er langsam oder schnell ist, ob er sich graziös oder plump bewegt, ob er gelenkig oder steif ist, wird sich im Erwachsenenalter nur noch wenig verändern. Wenn ein Kind einmal das Radfahren, Skifahren oder Klavierspielen erlernt hat, kann es diese Fähigkeit selbst nach jahrelanger Pause schnell wieder. Wenn ein Erwachsener das gleiche erlernt, fällt ihm dies weitaus schwerer, und er braucht in der Regel wesentlich länger dazu. In den seltensten Fällen erlangt er als Erwachsener dieselbe Fertigkeit, die er erlangt hätte, wenn er dasselbe bereits als Kind gelernt hätte.

Die Qualität der Koordination ist nicht ausschließlich von der Wiederholung einer Bewegung abhängig: Der Reifezustand des Nervensystems bildet die Grundlage dafür, wie weit die Koordinationsfähigkeit durch Übung entwickelt werden kann. Zudem ist es für eine gute Koordination wichtig, daß die beiden Großhirnhälften gut zusammenarbeiten. Bei manchen koordinationsgestörten Kindern ist dies nicht der Fall.

Sog. (assoziierte) Mitbewegung der Arme als Ausdruck mangelnder Koordinations- und Dissoziationsfähigkeit

Die Körperkoordination gliedert sich in mehrere verschiedene Teilbereiche auf, wovon drei wesentliche sind:

Hand-Hand-Koordination

Im vierten Monat beginnt das Zusammenspiel beider Hände. Kinder, deren Hand-Hand-Koordination gestört ist, haben bei beidhändigen Verrichtungen wie Aufschrauben, Perlen fädeln, Klatschen, Schuhe binden und Ausschneiden Schwierigkeiten.

Auge-Hand-Koordination

Das Zusammenspiel von Auge und Hand entwickelt sich um den dritten Monat. Kinder mit Störungen in diesem Bereich schauen zu wenig auf das, was sie mit ihren Händen tun. So können sie keine differenzierte feinmotorische Geschicklichkeit entwickeln und haben Schwierigkeiten, auszuschneiden oder auszumalen, zu zielen und andere exakte Tätigkeiten auszuführen.

Hand-Fuß-Koordination

Ab dem sechsten Monat entwickelt sich das Zusammenspiel von Händen und Füßen, von oberer und unterer Körperhälfte. Kinder mit Störungen in diesem Bereich haben Schwierigkeiten beim Klettern, Dreiradfahren, Schwimmen, Radfahren und dem Hampelmannsprung, den Kinder spätestens mit sieben Jahren flüssig und zehn Sekunden lang können sollten.

Lateralität und Dominanz

Lateralität

Lateralität ist die bevorzugte Verarbeitung sinnlicher Eindrücke in einer der beiden Großhirnhälften. Sie ist das Endprodukt einer normalen Hirnentwicklung und -reifung. Die gute Zusammenarbeit beider Hirnhälften ist Voraussetzung für gut koordinierte Bewegungen, Sprache und Lernen im allgemeinen.

Dominanz

Dominanz ist die Bevorzugung eines Körperteils auf einer Körperseite, zum Beispiel beim Rechts- oder Linkshänder die jeweilige Hand.

Der gesunde Säugling benutzt beide Körperseiten gleichermaßen. Er bevorzugt weder die rechte noch die linke Körperseite. In diesem Alter ist dies normal, und bei einer Bevorzugung ist sogar an eine Bewegungsstörung zu denken. Schon bis ca. 18 Monate bildet sich die sogenannte Lateralität heraus, das heißt jede Hirnhälfte übernimmt ganz bestimmte Funktionen. Beim Kind zeigt sich dieser Lateralisierungsprozeß dadurch, daß es eine Körperseite zunehmend bevorzugt. Diese Bevorzugung wird Dominanz genannt.

Händigkeit

Am deutlichsten wird das in der Ausbildung der angeborenen Händigkeit sichtbar: Eine Hand wird bevorzugt, das Kind übt dadurch seine Geschicklichkeit mit dieser Hand intensiver als mit der anderen.

Im vierten, spätestens im fünften Lebensjahr sollte jedes Kind eine eindeutige Handdominanz ausgebildet haben. Wenn dies nicht der Fall ist, führt dies häufig zu Entwicklungsrückständen im Bereich der Feinmotorik. Zudem ist bei diesen Kindern oft zu beobachten, daß sie richtungslabil sind.

Die Richtungslabilität führt dazu, daß sie b und d, p und q verwechseln, spiegelbildlich schreiben oder sich die Reihenfolge von Buchstaben im Wort nicht merken können. Die Erfassung und Wiedergabe von komplexeren Formen wie Buchstaben, Zahlen und Zeichnungen ist dadurch erschwert.

Legasthenie

Die Richtungslabilität ist eine von mehreren Ursachen für Lese-Rechtschreib-Schwächen und ist eine Form der Legasthenie.

Kinder mit Dominanzproblemen können oft keine Überkreuzungsbewegungen ausführen.

Ganzkörperliche Überkreuzungsbewegungen, wie zum Beispiel mit der rechten Hand zum linken Fuß fassen, sind die Voraussetzung, daß Kinder, ohne lange zu überlegen, Kreuzungen malen können. Entwicklungstests beinhalten oft das Malen eines Kreuzes und untersuchen dabei den Stand der Lateralitätsentwicklung. Beim Erlernen der Schreibschrift sind viele solcher Kreuzungen erforderlich. Buchstaben der Schreibschrift wie e, h, k, l und x beinhalten Kreuzungen. Diese Kinder brauchen viel Zeit und Energie zum Schreiben. Sie müssen ständig überlegen, wie die Buchstabenform geht und welches die Schreib- und Leserichtung ist.

In der Vorgeschichte dieser Kinder fällt auf, daß sie meist nicht gut koordiniert oder nicht lange genug gekrabbelt sind. Schon im Krabbelalter war zu sehen, daß sie eine schlechte Kreuzkoordination hatten. Eine Behandlung hätte schon hier einsetzen müssen.

Ein ungestörter Lateralisierungsprozeß ist nur möglich, wenn die beiden Gehirnhälften des Kindes gut zusammenarbeiten. Wenn Kinder während der Tätigkeit die Hände wechseln oder eine sogenannte gemischte Dominanz haben, das heißt zum Beispiel, es wird das linke Auge, die rechte Hand, das linke Ohr und der rechte Fuß bevorzugt, läßt dies auf eine Störung im Lateralisierungsprozeß schließen. Sie muß genau untersucht und ursächlich behandelt werden.

Was ist Konzentration? Was sind Konzentrationsstörungen?

Das Wort *Konzentration* bedeutet „Sammlung". Es ist die Fähigkeit des Menschen, seine ganze Aufmerksamkeit auf eine Wahrnehmung, eine Handlung oder eine Aufgabe zu lenken.

Die Konzentration wird nicht an einer bestimmten Stelle des Gehirns verarbeitet wie zum Beispiel Sehen, Hören und Sprechen. Vielmehr ist Konzentration eine übergeordnete Grundfunktion, die bei allen Leistungen des Menschen eine Rolle spielt.

So gibt es niemals eine isolierte *Konzentrationsstörung*. Sie ist fast immer an die Störung eines oder mehrerer Sinnessysteme gekoppelt. Die Ursache einer Konzentrationsstörung ist somit eine Wahrnehmungsstörung. Durch einen ständigen Konzentrationsmangel kommt es bei Kindern trotz normaler geistiger Voraussetzungen zu einer Entwicklungsverzögerung.

Im Kleinkind- und Kindergartenalter fällt eine Konzentrationsstörung durch einen allgemeinen Entwicklungsrückstand oder durch Störungen im Bereich der Grob- oder Feinmotorik, der Spielentwicklung oder der Sprache auf.

Lernprobleme

Im Schulalter äußert sich eine Konzentrationsstörung durch vielfältige Lernprobleme. Einige Kinder können sich gar nicht oder nur sehr kurz konzentrieren, andere haben starke Schwankungen in ihrer Konzentrationsfähigkeit. Deshalb entsteht der Eindruck: „Sie könnten, wenn sie sich nur anstrengen wollten."

Die Konzentrationsstörungen haben verschiedene Gründe:

Aufmerksamkeit

Diese Kinder brauchen zuviel Aufmerksamkeit für die Verarbeitung ihrer Sinneseindrücke. Sie können beispielsweise nicht gleichzeitig balancieren und aufmerksam zuhören. Sie wirken unaufmerksam, da sie ihre volle Konzentration zum Balancieren brauchen. Beim Schuleintritt sollten sich Kinder ungefähr 20 Minuten lang auf eine Sache konzentrieren können und auch bereit sein, sich auf neue und schwierige Aufgaben einzulassen. Dies ist konzentrationsschwachen Kindern nicht möglich.

Ablenkbarkeit

Einige Kinder können unwichtige Sinnesreize nicht genügend ausschalten. Sie leiden unter einer Reizüberflutung. Visuelle oder akustische Reize ziehen sofort ihre gesamte Aufmerksamkeit ab. Sie lassen sich durch Bilder, Teppichmuster oder Gegenstände stark ablenken, und ein vorbeifahrendes Polizeiauto, Verkehrslärm oder Krach durch andere Kinder bringt sie sofort von ihrer Tätigkeit ab.

Mangelndes Zuhören

Bei längeren Sätzen oder Geschichten bleiben diese Kinder an einem interessanten Sachverhalt oder einem komplizierten Wort hängen und verlieren dadurch den Zusammenhang.

Reizüberflutung

Viele Kinder sind einer Dauerberieselung von verschiedenen Medien ausgesetzt (Fernsehen, Video, Radio, Kassette, Computerspiele). In Kombination mit Bewegungsmangel wirkt sich dies sehr negativ auf die Konzentration aus. Viele Pädagogen erfahren dies besonders montags, wenn die Kinder nach einem fernsehreichen Wochenende besonders unaufmerksam sind.

Gedächtnisschwäche

Diese Kinder brauchen häufige Wiederholungen, damit Informationen in ihr Langzeitgedächtnis gelangen und von dort wieder abgerufen werden können.

Schnelle Ermüdung

Durch ihre Wahrnehmungsstörung ermüden diese Kinder so schnell, daß ihr Gehirn nach einer Konzentrationsleistung „abschaltet“. Das Gehirn schützt sich so vor Überforderung. Dies ist nicht dem Willen des Kindes unterworfen.

Fehlende Dominanz

Einige Kinder haben keine ausgeprägte Dominanz. Sie wechseln die Hand beim Schreiben. Ihre Richtungswahrnehmung ist nicht stabil. Sie müssen ständig überlegen, welcher Buchstabe b und welcher d ist, ob sie 23 oder 32 schreiben und in welche Richtung sie schreiben und lesen müssen. Dabei bleibt der Inhalt des Gelesenen und Geschriebenen weitgehend auf der Strecke, und sie brauchen viel mehr Zeit als andere Kinder.

Taktile Überempfindlichkeit

Diese Kinder empfinden ihre Kleidung als drückend, die Haut juckt sie, und jeder Stuhl ist ihnen zu hart. Dadurch sind sie unruhig und zappelig und können sich nicht konzentrieren.

Gesundheitliche Probleme

Kinder mit gesundheitlichen Problemen wie Allergien, Infektanfälligkeit oder Beeinträchtigungen der Sinnesorgane wie Fehlsichtigkeit oder Schwerhörigkeit sind dadurch so beeinträchtigt, daß sie sich schlecht konzentrieren können.

Psychische Probleme

Psychische Probleme äußern sich häufig als Konzentrationsstörung. Sorgen der Kinder mit Eltern, Geschwistern und Freunden belasten sie so, daß sie an nichts anderes mehr denken können.

Motivationsmangel

Kinder wollen von Natur aus lernen und ihre Umwelt begreifen. Wenn sie in ihrer frühen Kindheit nicht genug Eigenständigkeit und Stabilität entwickeln konnten, fehlt ihnen die Voraussetzung, um interessiert und offen die Umwelt zu erforschen und zu lernen.

Konzentration ist eine der wichtigsten Voraussetzungen für das Lernen.

Damit Kinder lernen können, muß der Grund ihrer Konzentrationsstörung gefunden werden. Wenn es gelingt, diesen zu finden und die Kinder in der richtigen Weise zu unterstützen, kann sich die Konzentrationsfähigkeit der Kinder verbessern. Isolierte Papierübungsprogramme zur Konzentrationsförderung sind meist wenig erfolgreich, sie berücksichtigen die vielfältigen Aspekte der Konzentrationsstörung zuwenig.

Nur wenn die ursächlichen Wahrnehmungsstörungen behandelt werden, ist eine Verbesserung der Konzentrationsfähigkeit zu erwarten.

Was ist eine Minimale Cerebrale Dysfunktion (MCD)?

Eine Minimale Cerebrale Dysfunktion bedeutet, daß im Gehirn eines Kindes eine geringfügige Funktionsstörung vorhanden ist.

Der Begriff MCD ist ein Sammelbegriff aller leichten Bewegungsauffälligkeiten im grob- und feinmotorischen Bereich und sämtlicher Wahrnehmungsstörungen. Körperliche, seelische und geistige Behinderungen fallen nicht unter den Sammelbegriff der MCD.

Wie schon durch die drei Fallbeispiele dargestellt, sind die Schwierigkeiten bei jedem Kind anders. Die einzelnen Sinnessysteme sind in unterschiedlicher Weise betroffen und führen somit bei jedem Kind zu unterschiedlichen Störungsbildern.

Ihr Kind ist betroffen: Was können Sie tun?

Wenn Sie vermuten, daß Ihr Kind eine Bewegungsauffälligkeit oder Wahrnehmungsstörung hat, sollten Sie die Initiative ergreifen, um Ihrem Kind zu helfen. Wie Sie herausfinden können, ob es sich bei Ihrem Kind um eine Wahrnehmungsstörung handelt und welche Therapieangebote es gibt, wird im folgenden Kapitel dargestellt.

Beobachten und Vergleichen

Wenn Sie den Eindruck haben, daß Ihr Kind eine Bewegungsauffälligkeit oder Wahrnehmungsstörung hat, beobachten Sie es genau.

Versuchen Sie herauszufinden, was im Vergleich zu gleichaltrigen Kindern anders ist. Beobachten Sie, mit welchen Verrichtungen, Aufgaben und Handlungen Ihr Kind Schwierigkeiten hat. Wann und in welcher Situation hat es diese, und welcher Art sind sie?

Bewegt es sich wie gleichaltrige Kinder, spielt es ähnlich, ist es intergriert, hat es eigene Ideen, wie ist seine Auffassungsgabe und Sprachentwicklung?

Wichtig ist es aber auch zu beobachten, welche Dinge es gleich gut oder besser als seine Altersgenossen kann.

Beobachten Sie Ihr Kind aufmerksam, und machen Sie sich Notizen.

Gespräche

Sprechen Sie mit Ihrem Partner und Freunden, die Ihr Kind gut kennen, über Ihre Gefühle und Beobachtungen.

Sehr informativ sind Gespräche im Kindergarten und in der Schule, da das Verhalten jeden Kindes in der Gruppe anders ist als zu Hause. Unter Umständen fallen in der Gruppe Besonderheiten und Schwierigkeiten Ihres Kindes im Vergleich zu anderen Kindern deutlicher auf. Ergreifen Sie dabei die Initiative, und gehen Sie auf die betreuenden Personen zu.

Die Gruppen im Kindergarten und in einer Schulklasse sind meist so groß, daß die aufmerksame und differenzierte Beobachtung und Einschätzung eines jeden Kindes und Gespräche zu kurz kommen, wenn die Anregung dazu fehlt.

Kinderarzt und Vorsorgeuntersuchungen

Sprechen Sie mit Ihrem Kinderarzt über Ihre Gefühle und Beobachtungen, und lassen Sie Ihr Kind von ihm genau untersuchen und beobachten.

Für den Kinderarzt ist es ohne Ihre Beobachtungen nahezu unmöglich, während einer der derzeit 9 Vorsorgeuntersuchungen Entwicklungsstörungen genau zu erkennen. Er muß dabei innerhalb einer kurzen Zeit in einer für das Kind ungewohnten und manchmal von vorhergehenden Arztbesuchen leidvoll besetzten Umgebung einen Eindruck von Ihrem Kind gewinnen. Da die Vorsorgeuntersuchungen in erster Linie der Krankheitsfrüherkennung dienen, bleiben dabei leider viele Teilbereiche der kindlichen Entwicklung unberücksichtigt.

Beobachtungen der Motorik und der Wahrnehmungsfähigkeit sind in den gesetzlich festgelegten Vorsorgeuntersuchungen unserer Meinung nach zu undifferenziert. Erst bei Auffälligkeiten werden in der Regel gründlichere Entwicklungstests hinzugezogen.

Aus diesen Gründen und oft langen Wartezeiten auf einen

Therapieplatz erleben wir es recht häufig, daß Kinder relativ spät eine spezielle Therapie erhalten; oft erst dann, wenn der Entwicklungsrückstand des Kindes so massiv ist, daß die Einschulung fragwürdig erscheint.

Eine andere Schwierigkeit ist die, daß zwischen dem zweiten und dem vierten Lebensjahr keine Vorsorgeuntersuchung vorgesehen ist. Dies, obwohl die Entwicklungsschritte, die Kinder in dieser Zeit durchlaufen, gewaltig sind.

Ihre eigenen Beobachtungen sind somit von immenser Wichtigkeit. Teilen Sie diese Ihrem Kinderarzt unbedingt mit. Sie helfen ihm bei der richtigen Einschätzung Ihres Kindes. Fordern Sie bei Auffälligkeiten im Bereich der Motorik und der Wahrnehmungsfähigkeit unbedingt eine genaue Diagnostik. Diese sollte von Ärzten oder Therapeuten durchgeführt werden, die viel Erfahrung in der Arbeit mit Kindern haben und somit Ihr Kind in der Qualität seiner Bewegungen und Handlungen richtig beurteilen können.

Spezielle Bewegungstherapie

Spätestens bei wiederholten Auffälligkeiten in der Rubrik „Motorik und Nervensystem" im Vorsorgeheft Ihres Kindes sollte dieses eine spezielle Bewegungstherapie erhalten, die vom Kinderarzt verschrieben wird. So lassen sich massivere Auswirkungen der Bewegungsauffälligkeiten und Wahrnehmungsstörungen vermeiden.

Oft bekommen Eltern die Information, daß sich Bewegungsauffälligkeiten und Wahrnehmungsstörungen „verwachsen". Dies „Verwachsen" kann nur geschehen, wenn das Gehirn eines Kindes lediglich unreif ist, aber keine hirnorganisch bedingten Störungen vorhanden sind. Beobachten Sie Ihr Kind, ob dies tatsächlich der Fall ist, und machen Sie sich über die Schwierigkeiten Ihres Kindes Notizen mit Datum.

Je jünger Kinder zu Beginn einer Behandlung sind, um so

weniger klafft die Schere ihres Entwicklungsdefizits auseinander. In der Regel können sie ihre Entwicklungsrückstände schneller aufholen und sind durch Mißerfolge weniger verhaltensauffällig als ältere Kinder. Der Therapieerfolg ist deshalb bei jüngeren Kindern meist größer und schneller sichtbar.

Andererseits erleben Ärzte und Therapeuten leider immer wieder, daß Eltern diagnostizierte Bewegungsauffälligkeiten und Wahrnehmungsstörungen ihrer Kinder nicht ernst genug nehmen. Sie lassen ihre Kinder entweder nicht therapeutisch betreuen oder nehmen die Therapie nicht ernst: Sie versäumen Therapietermine oder kommen oft zu spät. Dabei ist nur das Kind der Leidtragende.

Übersicht über verschiedene Therapieangebote

Bis vor wenigen Jahren bestand für bewegungsauffällige und wahrnehmungsgestörte Kinder ein Mangel an Behandlungsmöglichkeiten.

Heute gibt es eine Vielzahl von Therapieangeboten, die für Laien schwer zu überschauen sind. Zur Übersicht werden einige der häufigsten Therapiemöglichkeiten dargestellt. Die einzelnen Berufsgruppen arbeiten alle nicht ausschließlich mit Kindern. Einige Therapeuten haben sich jedoch auf die Arbeit mit Kindern spezialisiert. Im folgenden Text wird nur dieser spezielle Teilbereich angesprochen. Gehen Sie nur zu Therapeuten, die Erfahrung in der Arbeit mit Kindern haben.

Alle diese Berufsgruppen arbeiten in freien Praxen, Krankenhäusern, Sondereinrichtungen, Frühförderstellen und Beratungseinrichtungen. Berücksichtigen Sie bei einer erwogenen Therapie, daß Sie teilweise Wartezeiten bis zu 1 Jahr einkalkulieren müssen.

Ergotherapie

Auf der Grundlage der normalen Kindesentwicklung und aufbauend auf Beobachtungen und Testergebnissen der Entwicklungs- und Wahrnehmungsdiagnostik werden Kinder in jedem Alter von Ergotherapeuten behandelt. Ihre Ausbildung ist medizinisch fundiert. Entwicklungsstörungen in der Grob- und Feinmotorik, der Wahrnehmung, im Sozialverhalten und in der

Sprache werden über einen ganzheitlichen Therapieansatz in Einzel- oder Gruppentherapie behandelt.

Durch kindgerechte Übungsangebote, teilweise spielerisch in Alltagshandlungen integriert oder über Werktechniken werden zusammenhängende Handlungsabläufe und Einzelfunktionen geübt. Auch die Behandlung von Schreibbewegungsstörungen fällt in dieses Arbeitsgebiet. Der Ansatz der Ergotherapie berücksichtigt das Kind in seiner Gesamtpersönlichkeit mit seinen motorischen, psychisch-geistigen und sozialen Anteilen.

Die sogenannte psychomotorische Übungsbehandlung ist eine häufig angewandte Therapiemethode. Sie gibt den Ergotherapeuten und anderen Berufsgruppen die Möglichkeit, auf breiter Basis mit bewegungs- und wahrnehmungsgestörten Kindern zu arbeiten.

Krankengymnastik

Krankengymnasten behandeln überwiegend grobmotorische Auffälligkeiten der Kinder. Für bewegungsauffällige Säuglinge und Kinder gibt es unter anderem die Methoden nach Vojta und Bobath, die auf neurophysiologischer Grundlage arbeiten.

Mit diesen Methoden werden über spezielle Übungen normale Bewegungen beim Kind angebahnt und eingeübt.

Die Krankengymnasten behandeln gezielt Haltungsauffälligkeiten der Kinder: Fehlstellungen und Haltungsschwächen im Bereich der Wirbelsäule, der Hüften, Beine und Füße, wie zum Beispiel Skoliose, Knick-, Senk- oder Plattfüße.

Einige Krankengymnasten arbeiten mit älteren Kindern über einen psychomotorischen Ansatz.

Motopädie

Motopäden sind ausgebildete Pädagogen (Lehrer, Erzieher, Heilpädagogen) mit einer Zusatzausbildung. Sie arbeiten ergänzend zu einer medizinisch orientierten Therapie mit Gruppen bewegungs- und wahrnehmungsgestörter Kinder.

Logopädie – Sprachheilerziehung – Atem-, Sprech- und Stimmtherapie

Diese Berufsgruppen arbeiten mit Kindern, die Sprachentwicklungsverzögerungen oder Sprechstörungen wie Stottern, Stammeln oder einen Dysgrammatismus haben.

Sprache ist eine hochdifferenzierte motorisch-geistig-seelische Leistung. Kinder mit Bewegungsauffälligkeiten und Wahrnehmungsstörungen haben häufig Sprach- und Sprechstörungen. Sie müssen neben einer speziellen bewegungsorientierten Therapie sprachtherapeutisch behandelt werden.

Heilpädagogik

Heilpädagogen arbeiten über Rhythmik, heilpädagogische Spieltherapie und Übungsbehandlung mit Kindern, deren Schwierigkeiten eher im psycho-sozialen und geistigen Bereich liegen, zum Beispiel bei Verhaltensauffälligkeiten wie Einnässen, Nägelkauen, Aggressivität etc. Ein weiterer Schwerpunkt der heilpädagogischen Arbeit ist die Elternberatung bei Erziehungs- und Familienproblemen. Manche Heilpädagogen bieten heilpädagogisches Reiten und Voltigieren an. Das Pferd kann dabei wesentlich zur Motivation und Förderung bewegungsauffälliger und wahrnehmungsgestörter Kinder beitragen.

Kinderpsychologie – Kinderpsychiatrie

Diese Berufsgruppen arbeiten mit Kindern, deren Probleme überwiegend im psycho-sozialen Bereich liegen. Die Einbeziehung der Eltern und anderer Betreuungspersonen ist für den Therapieerfolg von entscheidender Bedeutung.

Es gibt unterschiedliche Ansätze, zum Beispiel: tiefenpsychologisch, verhaltenstherapeutisch oder familientherapeutisch.

Bewegungs- und wahrnehmungsgestörte Kinder entwickeln teilweise Verhaltensauffälligkeiten und brauchen dann neben einer speziellen Bewegungstherapie eine psychologische oder psychiatrische Betreuung.

Die Arbeit der verschiedenen Therapeuten hat, bedingt durch ihre unterschiedlichen Ausbildungen, unterschiedliche Ansätze. Von daher müssen einige Kinder verschiedene Therapieangebote parallel wahrnehmen, die der Kinderarzt verordnet. Schön ist es für Ihr Kind und Sie, wenn alle Therapeuten in einer Einrichtung arbeiten und sich im Team austauschen können. In der Regel müssen Sie zu verschiedenen Stellen gehen, da es kaum sogenannte Therapiezentren gibt. In diesem Fall ist die Zusammenarbeit der einzelnen Berufsgruppen erschwert, zumal die Kostenträger die Ausgaben für eine interdisziplinäre Zusammenarbeit im Moment noch nicht übernehmen.

Behandlung zu Hause und in der Ergotherapie

Nach eingehenden Untersuchungen und Beobachtungen hat sich herausgestellt, daß Ihr Kind eine Bewegungsauffälligkeit und Wahrnehmungsstörung hat.

Wie Sie sich zu Hause besser auf Ihr Kind einstellen können und wie die häusliche Umgebung günstiger gestaltet werden kann, beschreibt das folgende Kapitel. Zudem erfahren Sie, wie Ergotherapeuten die Kinder mit den unterschiedlichsten Störungsbildern behandeln.

Möglichkeiten, Ihr hypotones, wahrnehmungsgestörtes Kind, das Ähnlichkeiten mit Martin hat, zu Hause zu unterstützen

Aufmerksamkeit – Ihr Säugling schläft auffallend viel und bewegt sich während seiner Wachphasen wenig. Schenken Sie ihm während seines Wachseins Ihre volle Aufmerksamkeit. Erledigen Sie Hausarbeit und andere Tätigkeiten, wenn er schläft.

Anregung – Geben Sie Ihrem Säugling viel Anregung, und motivieren Sie ihn zu Aktivitäten. Nehmen Sie ihn früh überall mit hin. So nimmt er viele Sinneseindrücke auf. Schaukeln und Drehen, Massieren und Knuddeln fördern das Körpergefühl und die Eigenwahrnehmung.

Die Massagen sollten zur Aktivierung von den Händen und

Füßen zum Herzen hin und von unten nach oben, also von den Füßen zum Kopf durchgeführt werden.

Tobespiele machen Ihrem Säugling wahrscheinlich anfangs etwas Angst. Beginnen Sie deshalb langsam und steigern Sie dann die Dynamik. Lageveränderungen sind eine wichtige Stimulation für Ihr Baby.

Wenn Ihr Säugling greifen kann, locken Sie ihn mit Spielzeug. Er muß viele Tasteindrücke sammeln und unzählige Bewegungswiederholungen durchführen, damit er sich altersgemäß entwickeln kann.

Animieren Sie ihn, das Stützen, Kopfheben und später das Spielen und Robben in der Bauchlage zu üben. Er liegt vermutlich lieber auf dem Rücken oder in einer Babywippe.

Diese Position verhindert allerdings den Tonusaufbau und einen Kraftzuwachs. Aus der Bauchlage entwickelt sich die Fortbewegung, Robben und Krabbeln und die Aufrichtung zum Sitzen und Stehen. Sobald Ihr Kleinkind sich fortbewegen kann, locken und unterstützen Sie es, damit es sich viel bewegt. Es neigt dazu, Bewegung zu vermeiden.

Gemeinsame Krabbelspiele bringen Ihr Kind dazu, seine Kraft- und Lustlosigkeit zu überwinden. Tragen Sie es nicht zu oft dort hin, wo es hin will. Sonst lernt es früh, daß es leichter ist, so lange zu schreien, bis es getragen wird, als sich mit Rollen, Robben oder Krabbeln abzumühen. Spielzeug, das sich selbst bewegt, animiert das Kind zur Bewegung wie ein Ball, ein Ziehauto oder eine Hängematte, in der es ständig Ausgleichsbewegungen machen muß. Ein Haustier wie ein Hund oder eine Katze ist auch ein guter Bewegungsanreiz.

Wenn Ihr Kind krabbelt oder läuft, werden Sie feststellen, daß es dabei nicht sehr geschickt ist und schnell ermüdet.

Handführung – Helfen Sie Ihrem Kind beim Klettern und führen Sie es an der Hand. Auch wenn es für Ihr Kind schwierig ist, soll es mit so wenig Hilfe wie möglich selber auf seinen Hochstuhl oder aufs Sofa klettern. Später sind Tretautofahren, Dreiradfahren, Rennen und Hüpfen Aktivitäten, die Ihrem Kind schwerfallen, die es vermeidet und zu denen Sie es motivieren sollten. Vielfältige Bewegung ist wichtig für Ihr Kind.

Lassen Sie Ihr Kind viele Wege selber gehen, obwohl es lieber getragen oder im Kinderwagen gefahren werden möchte. Nehmen Sie sich viel Zeit und Geduld, und versuchen Sie, daß Ihr Kind seine Bewegungsausdauer steigert. Nur so kann es gelingen, daß Ihr Kind trotz eines zu niedrigen Tonus und seiner Bewegungsvermeidung in seiner Entwicklung nicht zurückbleibt.

Bewegungen herausfordern – Ihr Kind braucht Spielgeräte, die Bewegungen herausfordern wie ein Schaukel- und Klettergerüst im Garten oder ein Stockbett mit Kletter- und Rutschzusätzen.

Riesenbausteine aus Schaumstoff aus einer Schaumstofffabrik, große Holzbauklötze oder Riesenlegos sind für Ihr hypotones Kind besser geeignet als Spielsachen, mit denen an einem Platz sitzend gespielt wird, wie zum Beispiel Puzzles, Steckspiele oder Aufziehspielzeug. Tägliche Spielphasen im Freien und Ausflüge in die Natur sind für hypotone Kinder noch wichtiger als für andere Kinder, damit sie sich viel bewegen.

Bringen Sie Ihr Kind schon früh mit anderen Kindern zusammen, sie motivieren sich gegenseitig besser, als Erwachsene dazu in der Lage sind. Ihr hypotones Kind hat Schwierigkeiten im Kindergarten und geht nicht gerne dorthin. Durch frühe Erfahrungen in Krabbel- und Spielgruppen findet es später eher Gefallen am Kindergartenbesuch.

Geben Sie Ihrem Kind im Kindergartenalter Gelegenheit, großflächig mit Fingerfarben, Wasserfarben und großen Borstenpinseln zu malen und mit einfachen Werk- und Bastelmaterialien seine feinmotorische Geschicklichkeit zu üben. Sein

Zimmer sollte groß und nicht zu voll sein, damit es sich darin großräumig bewegen kann.

Fernsehen – Fernsehen ist der Aktivitätskiller Nummer eins! Auch Computerspiele, die es schon für Vorschulkinder gibt, sind das pure Gift für Ihr hypotones Kind!

Gestalten Sie Ihren Alltag und Ihre Freizeit mit dem Kind so, daß vielfältige Bewegungsmöglichkeiten gegeben sind.

Laufen Sie die Treppe hinauf, anstatt Aufzug zu fahren, laufen Sie zum Kindergarten, anstatt Ihr Kind im Fahrradsitz zu fahren, wobei dies auch schon viel besser ist, als es mit dem Auto hinzubringen. Wandern Sie, anstatt mit dem Auto ins Kinderkino zu fahren, und gehen Sie mit ihm schwimmen und auf den Trimmpfad.

Vorbild sein – Ganz wichtig für Ihr hypotones Kind ist das Vorbild durch Sie und seine Geschwister. Wenn Sie selbst ein „Bewegungsmuffel“ sind, wird Ihr Kind sich schon aus diesem Grund nicht zu einem „Bewegungsfan“ entwickeln. Vielleicht ist diese Erkenntnis eine Möglichkeit für Sie, eine neue „Sportlichkeit“ zu entwickeln, so daß Ihr Kind erlebt: Bewegung macht Spaß!

Fördern Sie in jedem Alter die Selbständigkeit Ihres Kindes.

Es neigt dazu, Anstrengungen zu vermeiden. Dadurch lernt es alltägliche Verrichtungen schwerer. Nur wenn Sie diese geduldig mit ihm üben, erlangt es ausreichende Fertigkeit in Dingen wie Anziehen, Schuhe binden, Zähne putzen, Aufräumen etc. Manche hypotone, wahrnehmungsgestörte Kinder benützen ihre Eltern wie Butler. Denken Sie daran, daß Ihr Kind nur durch eigene Aktivität und eigene Sinnes- und Bewegungserfahrung lernt!

Spezielle Behandlungsmöglichkeiten in der Ergotherapie für Ihr hypotones, wahrnehmungsgestörtes Kind, das Ähnlichkeiten mit Martin hat

Die Therapie zielt darauf ab, den Tonus zu normalisieren und die entstandenen Defizite aufzuholen. Vor allem ältere Kinder müssen in der Therapie erst einmal behutsam motiviert werden, damit sie sich auf Bewegungsangebote einlassen können. Ihre Mißerfolge und ihre daraus resultierende Unlust sind so groß geworden, daß sie alles vermeiden, was ihnen Schwierigkeiten macht. Lustbetonte, spielerische Übungsangebote, einzeln oder in einer kleinen Gruppe und die Vermittlung von Erfolgserlebnissen lassen fast jedes hypotone Kind bald Spaß an der Bewegung finden.

Übungen, die den Tonus erhöhen, sind beispielsweise Schaukeln im Sitzen oder Stehen auf einem großen, hängenden Schaukelbrett, auf das mehrere Kinder passen, Kletterspiele an der Sprossenwand und Hüpfspiele im Hüpfkästchen oder als „Gummitwist". Auch Trampolinspringen und Tobespiele auf Matratzen, Wurfspiele mit schweren Materialsäckchen, Transportspiele mit vollgeladenen Kisten und Spiele, bei denen das eigene Körpergewicht getragen wird wie Schaukeln an einer Stange oder sich auf einer Gymnastikbank entlangziehen oder -schieben, sind zur Tonusnormalisierung gut geeignet. Ebenso sind Spiele in Bauch- und Rückenlage auf einem Rollbrett, das als Auto, Lastwagen, Schneepflug oder ähnliches eingesetzt wird, förderlich.

Möglichkeiten, Ihr hyperaktives, wahrnehmungsgestörtes Kind, das Ähnlichkeiten mit Philipp hat, zu Hause zu unterstützen

Reizarme Umgebung – Ihr Säugling ist unruhig und läßt sich durch jeden Umweltreiz stören und ablenken. Schaffen Sie ihm eine reizarme Umgebung mit möglichst wenig Geräuschen und

Dingen, die es visuell ablenken. Vermeiden Sie unbedingt eine Radio- und Fernsehberieselung, auch wenn Ihnen dies als eigene Einschränkung erscheint.

Stillen Sie Ihr Baby möglichst in einem ruhigen Raum. Am Wickeltisch und im Bettchen sollten möglichst keine Spielsachen oder Pflegeartikel und keine großen, grellen Stoff- oder Tapetenmuster Ihr Kind ablenken. Kleiden Sie sich und Ihr Kind nicht in grellrote Kleidung. Diese Farbe wirkt stimulierend und macht Ihr Kind noch unruhiger.

Ihr Kind bewegt sich unruhig und hektisch. Es versucht damit unbewußt, sich und seinen Körper ausreichend zu spüren und wahrzunehmen. Durch seine hirnorganischen Verarbeitungsstörungen erfährt es Reize nur abgeschwächt und diffus.

Körperkontakt – Es braucht einen eindeutigen, festen Körperkontakt. Tragen Sie deshalb Ihr Kind häufig in einem Tragetuch am Körper. Massagen unterstützen es darin, sich selbst zu spüren. Massieren Sie es langsam und mit leichtem Druck vom Herzen weg zu den Händen und Füßen und von oben nach unten, also vom Kopf zu den Füßen. So wirkt die Massage eher sammelnd und beruhigend. Durch die Verwendung von Kamillen-, Lavendel- und Melissenöl können Sie dies zusätzlich unterstützen.

Da alle Dinge der Umgebung nur für einen kurzen Moment die Neugier Ihres Kindes wecken, sollten Sie ihm gleichzeitig lediglich drei bis vier Spielsachen geben. Wechseln Sie diese lieber alle ein bis zwei Tage gegen andere Dinge aus. So kann es immer wieder neue Erfahrungen mit den gleichen Dingen machen. Durch ein Überangebot an Spielmaterial kann es sich noch weniger auf eine Sache konzentrieren. Durch Reizüberflutung handelt es chaotisch und erfährt und begreift die einzelnen Dinge zu wenig.

Fester Rhythmus – Ihr Kind braucht noch stärker als andere Kinder einen festen Rhythmus, Rituale und einen klaren Tagesablauf. Dadurch bekommt es Sicherheit und lernt sich zu orientieren. Zum Beispiel: immer die gleiche Tischordnung, erst derselbe Reim, dann das Essen, erst das allabendliche Gutenachtlied, dann der Kuß.

Klare Handlungsanweisungen – Ihr hyperaktives, wahrnehmungsgestörtes Kind ist noch stärker als andere Kinder darauf angewiesen, daß es ganz klare Handlungsanweisungen und Grenzen erfährt. Dadurch bekommt es den Halt, den es sich nicht selber geben kann.

Beim Spiel braucht Ihr Kind Anregung, um mit einem Spielzeug immer wieder neue Spielmöglichkeiten zu erfahren. Auf sich gestellt, neigt es dazu, sehr einseitig und unkonzentriert zu spielen.

Helfen Sie Ihrem Kind mit viel Ruhe und Zeit, seine Umgebung zu erfahren. Sie können ihm dabei ordnend und unterstützend helfen: Greifen Sie in dem Moment ein, wenn Ihr Kind in seinen Handlungen nicht weiterkommt und anfängt, chaotisch zu wirken.

Fernsehen – Besonders nachteilig wirkt sich auf Ihr Kind das Fernsehen aus. Es wird dadurch noch chaotischer, als es schon ist. Es kann sich nicht auf die schnelle Bild- und Szenenfolge konzentrieren und den Inhalt des Films erfassen. Ähnliches gilt für Computerspiele.

Mangelndes Schmerzempfinden – Ihr Kind spielt gerne draußen. Es tobt herum, springt überall herunter und läßt sich dabei häufig auf seine Knie fallen. Es rennt meist wild umher und stößt sich häufig an. Dabei scheint es keinen Schmerz zu kennen. Sein Gehirn erfährt dadurch eine starke Stimulation. Es braucht diese starken Reize, da schwächere Reize zu wenig integriert werden. Ihr Kind spürt auch nicht, wenn es mit anderen Kindern zu grob ist und ihnen weh tut. Insgesamt fehlt es ihm an Sensibilität. Es kann zum Beispiel stundenlang mit nassen Gummistiefeln herumlaufen, ohne dies zu spüren.

Bewegungsdrang – Ihr Kind schaukelt gern und heftig. Es kann kaum genug davon bekommen. Sein vestibuläres System verarbeitet diese Reize zuwenig. Für dieses Kind ist es noch wichtiger als für andere Kinder, daß es seinen Bewegungsdrang ausleben kann. Erst danach ist es ihm möglich, sich kurz zu sammeln und zu konzentrieren und sich mit Ruhe auf eine Tätigkeit einzulassen.

Ihr hyperaktives, wahrnehmungsgestörtes Kind sollte unbedingt vor den Hausaufgaben mindestens eine Stunde draußen spielen, um sich anschließend besser konzentrieren zu können.

Geringe Frustrationstolerenz – Sobald eine Tätigkeit komplexer und schwieriger wird, springt Ihr Kind auf, läuft ziellos herum oder findet kurzzeitig eine andere Beschäftigung. Es hat keine Ruhe und Ausdauer, um Aufgaben und Probleme zu lösen. Seine Frustrationstoleranz ist sehr gering. Ihr Kind hat oft erfahren, etwas nicht zu können, und ist von daher sehr schnell auf sich und seine Umgebung wütend. So kann es sich schreiend und stampfend über den blöden Schuh ärgern, den es nicht binden kann. Versuchen Sie, Ihrem Kind bei seinen Problemen zu helfen: Bieten Sie ihm verschiedene Lösungsmöglichkeiten und Teilschritte an. Nur dadurch lernt es, wie es Aufgaben und Probleme selber lösen kann. Dies stärkt sein Selbstbewußtsein und seine Bereitschaft, bewußter zu handeln.

Ohne Zweifel sind hyperaktive, wahrnehmungsgestörte Kinder sehr anstrengend für ihre Eltern und ihre Mitmenschen.

Ihr Kind entwickelt teilweise störende Verhaltensweisen. Es

streitet zum Beispiel viel, macht scheinbar absichtlich Sachen kaputt oder stört häufig im Schulunterricht. Mit diesen Verhaltensweisen holt es sich negative Zuwendung und Aufmerksamkeit von Kindern, Eltern und Lehrern. Es handelt hierbei aus Not, nicht aus Bosheit. Eigentlich braucht es besonders viel positive Zuwendung, Förderung und Unterstützung. Für Sie als Eltern ist es wichtig, sich dies bewußt zu machen. Versuchen Sie, Ihr Kind stundenweise jemand anders anzuvertrauen, und schaffen Sie sich bewußt einen Ausgleich. Dies hilft Ihnen wieder, mit der nötigen Ruhe und Ausgeglichenheit auf Ihr Kind zuzugehen.

Eindeutige Absprachen und Regeln – Im täglichen Umgang sind eindeutige Absprachen und Regeln nötig. Das Kind erfährt so die klare Führung und den Halt, den es in seinem eigenen Chaos braucht.

Spezielle Behandlungsmöglichkeiten in der Ergotherapie für Ihr hyperaktives, wahrnehmungsgestörtes Kind, das Ähnlichkeiten mit Philipp hat

Die Therapie zielt darauf ab, die Basissinne zu stimulieren und deren Integration zu verbessern. In der Therapie wird Ihr Kind angeleitet, sich selbst, seinen Körper und seine Umgebung differenzierter zu erfahren. Durch strukturierte Übungsangebote und klare Aufgabenstellungen lernt es, seine Handlungen besser zu planen, seine Bewegungen genauer zu dosieren und sich besser zu konzentrieren. Unter anderem durch den Wechsel von Spannung und Entspannung, von Schnelligkeit und Langsamkeit wird es sensibler und aufnahmefähiger.

Übungen, die Ihr Kind fördern, sind beispielsweise Schaukeln mit Abstoppen und verschiedenen Richtungswechseln. Beim pausenlosen Schaukeln in eine Richtung erfährt das vestibuläre System nach kurzer Zeit keine Anregung mehr. Ähnlich verhält es sich mit Rennen: Ihr Kind rennt wild, plan- und ziellos umher. Abstoppen auf Kommando oder Richtungswechsel auf ein Signal fördern seine Fähigkeit, sich zu steuern und zu bremsen. Nur durch diese wechselnden Impulse werden seine Sinnessysteme ausreichend stimuliert. Über die Therapie verbessert Ihr Kind die Genauigkeit und Behutsamkeit seiner Bewegungen. Somit bekommt es die Voraussetzungen, sich zielgerichteter zu bewegen und seine Feinmotorik zu verbessern.

Möglichkeiten, Ihr wahrnehmungsgestörtes Kind mit taktiler Überempfindlichkeit, das Ähnlichkeiten mit Daniel hat, zu Hause zu unterstützen

Vorsichtig bewegen – Ihr Säugling reagiert auf plötzliche Lageveränderung und Körperkontakt abwehrend. Er ist zufrieden, wenn er in Ruhe gelassen und nicht bewegt wird. Schmusen Sie mit ihm, auch wenn er anfangs ablehnend reagiert. Er braucht dies zur Entwicklung seiner emotionalen Sicherheit.

Tragen und Schaukeln – Tragen Sie Ihren Säugling viel herum. Enger Körperkontakt und sanfte Lageveränderungen stimulieren seine Basissinne. Schaukeln Sie Ihr Baby vorsichtig, aber regelmäßig in einer Hängematte. Massieren Sie es langsam und mit unterschiedlichem Druck. Auch Streichungen mit verschiedenen Materialien, zum Beispiel Frottee, Schwämmen, einer Babybürste und ähnlichen Dingen sind hilfreich, damit ihr Säugling seine Überempfindlichkeit gegen Berührung abbauen kann.

Das Hauptproblem Ihres Kindes ist, daß es Sinneseindrücke nicht richtig verarbeiten kann. Es reagiert mit einer allgemeinen Abwehr- und Vermeidungshaltung. Dadurch kommt es zu Entwicklungsverzögerungen. Durch gezielte Stimulationen bekommen die Sinnessysteme dieses Kindes vermehrt Informationen zugeführt. So wird seine Verarbeitungsschwäche teilweise ausgeglichen.

Zur Bewegung animieren – Ihr Kind bewegt sich erst spät fort und vermeidet Kontakt zum Boden und zu Spielmaterialien. Es berührt alles nur kurz und bleibt nicht lang bei einer Tätigkeit. Dadurch macht es zuwenig Tasterfahrungen, auf deren Grundlage es lernen kann. Animieren Sie Ihr Kind, sich fortzubewegen, zu rollen, zu krabbeln, sich selbst hinzusetzen. Dies alles muß bei Ihrem Kind liebevoll unterstützt werden. Es braucht eine Vielzahl von Sinneseindrücken und Bewegungserfahrungen, um sich altersgemäß und lückenlos entwickeln zu können. Erst, wenn es ausgiebig gerobbt ist, wird es gut koordiniert krabbeln; nur wenn es lange und ausdauernd gekrabbelt ist, wird sein Gang gut koordiniert sein.

Vielfältig eingeübte und im Gehirn gespeicherte Bewegungsmuster führen zur Automatisierung von Bewegungen. Erst dadurch wird eine gute Bewegungsplanung möglich.

Achten Sie darauf, daß Ihr Kind sich häufig auf dem Boden bewegt und durch Spielmaterial viele unterschiedliche Tasteindrücke sammeln kann.

Ihr Kind kann die Ausmaße seines Körpers und dessen Bewegungsmöglichkeiten nicht richtig einschätzen. Sie können es fördern, indem Sie es seine Körpergrenzen im Spiel deutlich spüren lassen: Krabbeln unter Stühlen oder durch einen Spieltunnel, Sitzen in Kartons und Kisten unterschiedlicher Größe, Spielen in einem Labyrinth aus vielen gesammelten Pappschachteln sind einige solcher Spielmöglichkeiten.

Um laufen zu lernen, braucht Ihr Kind sehr lange und fällt oft hin. Üben Sie das Gehen, indem Sie es an den Händen festhalten, und lassen Sie es über viele verschiedene Unterlagen gehen: Gras, Sand und Steine. Im Sommer kann Ihr Kind besonders viele Tasteindrücke sammeln, wenn es sich nackt bewegt und barfuß geht. Die Kleidung mildert Tasteindrücke stark ab. Behalten Sie die Massagen und Streichungen weiterhin bei.

Schaukeln und drehen Sie Ihr Kind regelmäßig, auch wenn

es noch ängstlich dabei ist. Nehmen Sie es dazu auf den Schoß, damit es sich sicher fühlt.

Bewegungen führen – Führen Sie Ihr Kind bei allen Bewegungen, die es allein nicht schafft. Nehmen Sie ihm die Bewegung nicht ab, sondern helfen Sie ihm dabei: Wenn es zum Beispiel nicht von einem Klettergerüst rückwärts wieder herunterklettern kann, stellen Sie ihm die Füße auf die richtige Sprosse. Wenn es nicht mit dem Löffel essen kann, führen Sie seine Hand.

Nachahmung – Bringen Sie Ihr Kind frühzeitig mit anderen Kindern zusammen. Es wird dadurch angeregt und lernt durch Nachahmung. Setzen Sie es keinen unüberschaubaren Situationen aus, wie sie in großen Kindergruppen, Kaufhäusern und Rummelplätzen bestehen. Es hat Schwierigkeiten, solche komplexen Situationen zu überschauen und ist dadurch überfordert.

Gestalten Sie die Umgebung des Kindes ruhig und überschaubar. Zu viele Spielmaterialien, zu viele Geräusche aus Radio und Fernsehen, eine unruhige Wohnungsgestaltung und ein unüberschaubarer Tagesablauf irritieren Ihr Kind. Es reagiert darauf passiv und ängstlich oder aggressiv und überdreht.

So, wie Sie Ihr Kind beim Erlernen seiner Körperbewegungen unterstützen können, braucht es Anleitung im Umgang mit anderen Personen. Es hat Schwierigkeiten, mit anderen Kindern in Kontakt zu treten, und wirkt unsicher oder reagiert zuweilen aggressiv. Mimik, Gestik und Handlungen seiner Mitmenschen sowie komplexere soziale Zusammenhänge kann es nicht richtig verstehen. Somit sind seine Reaktionen situationsangepaßt und werden von seinen Mitmenschen oft mißverstanden. Sie helfen Ihrem Kind, indem Sie Handlungsmöglichkeiten mit ihm zusammen Schritt für Schritt durchführen.

Konkrete Handlungsanweisungen – Es braucht mehr Führung und konkrete Handlungsanweisungen als andere Kinder und wird sonst durch erfolgloses Ausprobieren entmutigt. Überhaupt braucht es ganz klare Regeln in der Familie und in seinem Umfeld.

Da es Schwierigkeiten hat, sich Abläufe, Reihenfolgen und Zusammenhänge zu merken, braucht es mehr Wiederholungen als andere Kinder, um sich Dinge merken zu können. Ihr Kind lernt nur durch eigene Erfahrungen und nicht dadurch, daß Sie ihm Handlungen abnehmen.

Fernsehen – Lassen Sie Ihr Kind auf keinen Fall Fernsehen oder Kassetten hören. Die schnellen Bildfolgen beim Fernsehen und die komplexen Handlungen kann es nicht aufnehmen und verarbeiten und die Geräusche und Stimmenvielfalt der meisten Kassetten irritieren nur.

Spezielle Behandlungsmöglichkeiten in der Ergotherapie für Ihr wahrnehmungsgestörtes Kind mit taktiler Überempfindlichkeit, das Ähnlichkeiten mit Daniel hat

In der Therapie werden die Basissinne stimuliert.

Die Überempfindlichkeit des taktilen und propriozeptiven Systems kann durch Massagen, Bürstungen und punktuelle Druckberührungen abgebaut werden. Hierzu gehören Spiele wie: das Kind mit Materialien belegen, in Matten einrollen, mit elastischen Binden einwickeln und Arbeiten mit Ton, Fingerfarben, Kleister und ähnlichen Materialien.

Im vestibulären Bereich helfen Schaukeln, Rollen und Bewegungen in allen Raumrichtungen, Fahren mit dem Rollbrett und Abstoppen, Trampolinspringen, Schaukeln aller Art und Hüpfspiele.

Es werden Übungen zur Verbesserung der Bewegungs- und Handlungsplanung durchgeführt. Durch spielerische Übungen lernt das Kind, sich besser zu orientieren und zu konzentrieren. Durch gezielte Aufgabenstellungen wird zudem sein Problemlösungsverhalten verbessert.

Es sprengt den Rahmen dieses Buches, Therapieverläufe differenzierter darzustellen. Oft müssen Kinder mit Bewegungsauffälligkeiten und Wahrnehmungsstörungen ein bis zwei Jahre oder länger mindestens einmal wöchentlich behandelt werden, bis sie ihr Entwicklungsdefizit aufgeholt haben. Ziel ist, das Kind während der Therapie so zu motivieren, daß es sich auch in seinem Alltag mehr und gezielter bewegt. Je früher ein Kind zur Therapie kommt, desto leichter gelingt dies, und desto schneller kann die Therapie abgeschlossen werden. Neben den direkten Übungszielen wie Tonusregulierung, Kraftdosierung und Verbesserung der sensorischen Integration gilt es, die Anstrengungsbereitschaft eines Kindes zu erhöhen, sein Interesse zu wecken und seine Flexibilität im Handeln und Denken zu erhöhen. Ein weiteres wichtiges Ziel der Therapie ist, das Selbstbewußtsein des Kindes zu stärken.

Die Wohnung

Gestalten Sie Ihre Wohnung kindgerecht, das heißt so, daß Sie mit Ihrem Kind ohne ständige Verbote und die Angst um die teure Einrichtung zusammenleben können. Sobald sich Ihr Kind rollend, robbend oder krabbelnd fortbewegen kann, will es mit seiner natürlichen Neugier seine Umwelt entdecken und begreifen. Die unteren Regalbretter beinhalten viele interessante Dinge, die Ihr Kind kennenlernen möchte. Da Verbote die kindliche Neugier beschränken und ersticken, sollten dort nur Gegenstände sein, die es ausräumen und untersuchen darf. Das gleiche gilt für Schränke und Schubladen: entweder dürfen sie ausgeräumt werden, oder sie müssen mit einer entsprechenden Verriegelung versehen sein.

Spielecke

Für kleinere Kinder ist ein Kinderzimmer, in dem es allein spielen soll, uninteressant und wenig anregend. Sie sollten ihm die Möglichkeit geben, in Ihrer Nähe zu spielen. Räumen Sie ihm eine Spielecke in der Küche und im Wohnzimmer ein.

Für die Selbständigkeit Ihres Kindes ist es wichtig, daß es frühzeitig selber essen darf. Dabei geht so manches daneben, auf den guten, neuen Teppich. Verzichten Sie auf den Teppich unter dem Tisch, oder kaufen Sie für die erste Zeit einen billigen Teppich.

Großes Kinderzimmer

Wenn Ihr Kind älter ist und nicht nur in Ihrer Nähe spielen möchte, sollten Sie ihm ein großes Zimmer geben. Richten Sie Ihr Schlafzimmer im kleinsten Zimmer der Wohnung ein. Kinder brauchen Raum, um sich großräumig bewegen und Erfahrungen machen zu können.

Das Kinderzimmer und gute Spielmaterialien

Wenn Sie den Boden des Kinderzimmers aussuchen können, so wählen Sie einen abwaschbaren Holz- oder Korkboden. Diese Böden sind nicht fußkalt und für Aktivitäten Ihres Kindes unempfindlich.

Schaukel und Hängematte

Beachten Sie bei der Einrichtung, daß der Raum nicht zu voll wird und Ihrem Kind möglichst viel Platz für Bewegungsspiele bleibt. Sehr vielseitig sind Hochbetten, an denen Leitern, Rutschen und Kletterseile angebracht werden können. Auch eine Hängematte oder eine einfache Schaukel sollte in keinem Kinderzimmer fehlen.

Schaukelbrett

Wählen Sie eine festgewebte Hängematte ohne Mittelnaht und ohne eingearbeitete Hölzer an den Enden. Ungünstig sind geknüpfte Hängematten, in denen sich Knöpfe und Finger leicht verhaken.

Bei genauem Hinsehen findet sich immer ein Platz, an dem sie aufgehängt werden können. Einfache Schaukeln lassen sich oft gut im Türrahmen befestigen. Um keine Löcher bohren zu müssen, können Sie in einem Sportgeschäft eine Reckstange kaufen, die sich im Türrahmen befestigen läßt.

In einem großen Kinderzimmer oder am Schaukelgerüst im Freien können Sie ein großes, selbstgemachtes Schaukelbrett aufhängen. Darauf kann Ihr Kind liegend, kniend oder stehend und mit anderen Kindern zusammen spielen. Kleinere Kinder müssen dabei beaufsichtigt werden.

Schaukelrolle

Ein weiteres schönes Spielgerät ist eine Schaukelrolle aus einem schaumstoffüberzogenen Kunststoffrohr. Diese Rolle können Sie in einer Baustoffhandlung kaufen und selber überziehen.

Wippbrett

Ein Wippbrett ist eine große, bewegliche Fläche, auf der Ihr Kind in verschiedenen Positionen spielen kann.

Rollbrett

Zum Spiel sehr vielseitig verwendbar sind Rollbretter, auf denen Ihr Kind selber fahren und die es nach Belieben beladen kann.

Wippbrett

Hüttenbau

Jedes Kind liebt es, Hütten zu bauen. Stellen Sie Ihrem Kind ausreichend Tücher, Decken und Wäscheklammern zur Verfügung.

Große Pappkartons aus dem Supermarkt sind auch immer wieder eine willkommene Abwechslung. Als Baumaterial eignen sich auch sehr gut stoffüberzogene Schaumstoffteile aus einer Schaumstoffabrik.

Kriechtunnel/Knautschsack

Interessante Spielgeräte sind ein ca. zwei Meter langer Kriechtunnel aus Stoff, den es zum Beispiel bei „Ikea“ gibt, und ein sogenannter Knautschsack. Nähen Sie diesen mit einem Inlett, so bleiben auch Feinstäube im Sack. Wenn Ihr Kind nicht aller-

Rollbrett

gisch reagiert, füllen Sie den Sack lieber mit ungiftiger und billiger Getreidespreu aus einer Mühle als mit Styroporkügelchen.

Materialsäckchen

Vielseitig verwendbar sind kleine Stoffsäckchen, die mit verschiedenen Materialien gefüllt und zugenäht sind. Zum Füllen eignen sich unter anderem Linsen, Bohnen, Reis, Sand, Kirschkerne, Kiefernzapfen etc. Ihr Kind kann sie zum Be- und Entladen, Werfen, Zudecken, Tasten und vielem mehr gebrauchen.

Spielmaterial sammeln

Viel Spielmaterial, das die Phantasie anregt, können Sie zusammen mit Ihrem Kind in der Natur sammeln. Es ist in seiner Verwendungsmöglichkeit nicht festgelegt und in ausreichenden

Kriechtunnel

Mengen vorhanden: Steinchen, Muscheln, Kastanien, Eicheln, Hölzer, Blätter, Moos und vieles mehr.

Manche Spielsachen können Sie auch zusammen herstellen, zum Beispiel Stoffpuppen oder -tiere, Holzautos oder Papierflieger. Hierbei sollte nicht das fertige Produkt das Wichtigste sein, sondern das gemeinsame Tun: das Sammeln, Einkaufen und Basteln. In der Regel hat Ihr Kind einen engeren Bezug zu diesen Spielsachen als zu gekauften, da es erlebt hat, wie sie entstehen und gewachsen sind.

Gutes Spielzeug

Wenn Sie ein Spielzeug kaufen, so achten Sie mehr auf Qualität als auf Quantität. Spielzeug sollte zur Bewegung und zu phantasievollem Spiel anregen und möglichst aus Naturmaterial her-

gestellt, stabil und vielseitig verwendbar sein. Schrilles, kitschiges Plastikspielzeug, das schnell kaputtgeht, ist ungeeignet. Viele dieser Plastikspielsachen sind in ihrer Form und Farbe übertrieben und so festgelegt, daß dem Kind kein Spielraum für eigene Phantasievorstellungen bleibt.

Kindermöbel

Kindermöbel sollten sehr stabil sein. Inzwischen gibt es Tische und Stühle, die mitwachsen und mit denen sich schöne Höhlen bauen lassen. Ihr Kind sollte einen großen Tisch haben, an dem es uneingeschränkt „ werkeln" darf und zu dem ein übermalter Strich, getropfter Klebstoff und Kerben genauso dazugehören wie bei einer Werkbank im Hobbyraum.

Für seine feinmotorischen Arbeiten sollte Ihr Kind immer ausreichend Papier von mindestens DIN-A4-Format, Wasserfarben mit verschiedenen Borsten- und Haarpinseln, Wachskreiden, dicke Holzmalstifte, Schere, Klebstoff, Ton und später auch funktionierendes Werkzeug und Holz zur Verfügung haben. Zum Malen regen auch eine große Wandtafel und bunte Kreiden an.

Kinderbilder

Hängen Sie gemalte Kinderbilder, mit Datum versehen, an die Wand. Da die „Werke" häufig wechseln, eignen sich dazu angedübelte Dachlatten, an denen Sie die Bilder anheften können.

Spiegel

Damit Ihr Kind seinen Körper jederzeit betrachten kann, sollte im Kinderzimmer oder im Bad ein körpergroßer Spiegel hängen. Unzerbrechlich und billiger ist selbstklebende Spiegelfolie.

Der Garten

Wenn Sie einen Garten haben, so sollte auch dieser möglichst kindgerecht gestaltet sein, als Spiel- und Erlebnisgarten, nicht nur als Ziergarten!

Sandkasten

Hierzu gehört ein tiefer, großer Sandkasten, um den ein breites Brett läuft, auf dem Ihr Kind „backen" kann. Eine Schaukel, ein Klettergerüst und ein Spielhaus sollten nicht fehlen.

Eigenes Beet

Ihr Kind lernt viel über die Natur und den Verlauf von Jahreszeiten, wenn es bei der Gartenarbeit mit einer kleinen Hacke helfen darf und selber ein kleines Beet hat, in dem es „gärtnern" darf. Schön ist es, wenn Sie ein Haustier haben, das Sie zusammen versorgen.

Mit oder ohne Garten sollten Sie täglich mit Ihrem Kind für längere Zeit nach draußen gehen. Nur hier kann es ausreichend klettern, hüpfen und über größere Strecken immer wieder neue Bewegungserfahrungen machen.

Spielzeug für draußen

Schenken Sie Ihrem Kind lieber ein altersgerechtes Spielzeug für draußen, als eines für drinnen: verschiedene Bälle, Reifen, ein Springseil, ein Dreirad, einen Roller, einen Hüpfball, Stelzen, Rollschuhe, ein Kricketspiel und später auch ein Fahrrad und einen Drachen.

Spielzeit

Ihr Kind braucht täglich mindestens sechs bis sieben Stunden Spielzeit, Zeit zum Bewegen und Begreifen und um seine Umwelt zu erfahren.

Natur und Umwelt sind die beste Sinnesschulung, und sie vermitteln Erfahrungen, die unsere Kinder oft viel zu wenig machen.

Die Spiel- und Bewegungsräume unserer Kinder haben sich heute sehr reduziert. Durch den starken Verkehr können Kinder nicht mehr auf den Straßen spielen. Nur noch wenige Kinder spielen die alten Straßenspiele wie Hüpfekästchen, Murmelspiel, Seilhüpfen und Gummitwist. Die Landschaft ist durchstrukturiert und „aufgeräumt". Baugebiete sind flächendeckend geschlossen, Bäche begradigt und kanalisiert, und Feldscheunen und Stadel sind größtenteils abgerissen.

Überfluß- und Konsumgesellschaft

Ein anderes Problem ist die Überfluß- und Konsumgesellschaft, in der wir leben.

In der Regel fahren wir, selbst kleinste Strecken, mit dem Auto – selbstverständlich auch zum Sport. In vielen Stadthäusern gibt es Aufzüge und in den Geschäften Rolltreppen. Somit macht das Kind viel zuwenig alltägliche Bewegungserfahrungen.

In einer Gesellschaft, in der materielle Werte fast wichtiger geworden sind als menschliche Wärme, Zärtlichkeit und Zuneigung, erstickt manches Kind nahezu in seinen Spielsachen.

Das Freizeitverhalten der ganzen Familie ist teilweise stark organisiert, so daß den Kindern wenig Muße und Zeit für spontanes Spiel bleibt. So können sie keine Phantasie und Vielfalt entwickeln.

Die wenigsten Kinder dürfen sich noch schmutzig machen, obwohl in fast jedem Haushalt eine Waschmaschine steht.

Bewegungsauffälligkeiten und Wahrnehmungsstörungen verstärken sich durch diese kinderfeindlichen Bedingungen. Aus diesen Gründen ist es heute notwendig, den Kindern bewußt Bewegungs- und Spielräume zu gewähren.

Bewegen – Handeln – Lernen

Durch seine Bewegungsfähigkeit ist der Mensch in der Lage, sich Umwelteinflüssen anzupassen oder umgekehrt, sich die Umwelt passend zu machen. So kann er in unserer Welt leben, wohnen, sich kleiden, sich fortbewegen und arbeiten. Er kann malen, musizieren, sprechen, schreiben und so seine Gedanken, Gefühle und Bedürfnisse zum Ausdruck bringen und weitgehend befriedigen. Jede Kommunikation zwischen Menschen ist somit bewegungsabhängig. Menschen, die sich durch Behinderung oder Krankheit nicht ausreichend bewegen können, sind in ihrer zwischenmenschlichen Kommunikation eingeschränkt.

Zusammenhang von Bewegung und Wahrnehmung

In der kindlichen Entwicklung gehören Bewegung und Wahrnehmung immer zusammen und beeinflussen sich gegenseitig: Ist die Bewegungsfähigkeit des Kindes eingeschränkt, so kann es nicht ausreichend Sinnesinformationen wahrnehmen und verarbeiten.

Ist seine Wahrnehmungsfähigkeit der Sinne gestört, kann es keine differenzierte Bewegungsfähigkeit entwickeln.

Die differenzierte Bewegungs- und Wahrnehmungsfähigkeit wiederum ist eine Grundvoraussetzung zur Entwicklung der Intelligenz.

Das Kind kann nur durch eigene, in seiner Bewegung erfahrenen Wahrnehmungen zu Erkenntnissen kommen, die seine Intelligenz ausbilden!

Lernstörungen

Viele Kinder mit Lernstörungen haben ursächlich eine Bewegungs- und Wahrnehmungsstörung. So ist es zu erklären, daß viele körperbehinderte Kinder zusätzlich eine Lern- oder geistige Behinderung haben, da sie durch die Bewegungsstörung in ihrer Wahrnehmungsfähigkeit stark eingeschränkt sind.

Das Kind lernt nur durch Be-greifen im Sinne von Anfassen und Handeln mit dem ganzen Körper und über alle Sinnessysteme.

Von daher ist es wichtig, Störungen frühzeitig zu erkennen und das Kind durch unterstützende Maßnahmen in Elternhaus, Kindergarten, Schule und Therapie zu fördern.

Die Wahrnehmungs- und Erkenntnisfähigkeit bilden sich spiralförmig in gegenseitiger Abhängigkeit heraus. So entwickelt das Kind durch vielfältiges Bewegen, Handeln und Erleben seine Intelligenz.

Einige Beispiele, die den Zusammenhang von Handeln und Denken verdeutlichen

- Ein Kind, das durch eine Koordinations- und Gleichgewichtsstörung nicht balancieren kann, hat im feinmotorischen Bereich Schwierigkeiten, eine gerade Linie zu malen. Es lernt nicht, ausreichend mit den Augen linear-fließend zu schauen, und somit ist flüssiges Lesen erschwert. In der Schule braucht es zum Schreiben und Lesen zuviel Aufmerksamkeit. Dadurch entgeht ihm oft der Inhalt des Lernstoffes.

- Ein hyperaktives, wahrnehmungsgestörtes Kind, das seine Bewegungen nicht genügend dosieren, sich nicht konzentrieren und nicht zuhören kann, bekommt viele Dinge im Kindergarten und in der Schule nicht mit. Durch die Wahrnehmungsstörung kann es eine vorgelesene Geschichte nicht genau erfassen, diese als Bildergeschichte nicht folgerichtig wiedergeben und sinngemäß nacherzählen.

- Ein Kind, das als Kleinkind wenig gekrabbelt ist und dadurch eine schlechte Kreuzkoordination entwickelte, hat unter Umständen später Probleme, Überkreuzungen und Schrägen wiederzugeben. Beim Schreiben der Schreibschriftbuchstaben b, e, j, k und l braucht das Kind Schrägen und Überkreuzungen. Wenn es diese nicht kann, ist sein Schreibenlernen extrem erschwert. Es muß bei jedem Buchstaben überlegen, ist langsam, ermüdet rasch und kann dem Unterricht nicht folgen. Die Lernstörung dieses Kindes hat ihre Ursache in der Bewegungsstörung, die schon im Krabbelalter sichtbar war, und bei einer vorausschauenden Diagnostik hätte erkannt werden müssen.

Damit Kinder ihre Handlungsfähigkeit differenziert ausbilden können, ist die normale Entwicklung der Handgeschicklichkeit wichtig.

Die Entwicklung der Handgeschicklichkeit

Die feinen Bewegungen der Hände gehören zu den kompliziertesten, zu denen der Mensch fähig ist. Zusammen mit dem hochentwickelten Tastsinn bildet die Bewegungsfähigkeit der Hände und Finger die motorische Grundlage allen Handelns. Das Handeln wiederum ist eine wesentliche Voraussetzung zur Entwicklung der Intelligenz.

Die Entwicklung der Handgeschicklichkeit beziehungsweise der Feinmotorik verläuft parallel zur Gesamtentwicklung des Kindes. Sie ist individuellen Abweichungen unterworfen.

Wenn alle Sinnessysteme eines Kindes gut zusammenarbeiten, kann es folgende Entwicklung durchlaufen (siehe Tabelle).

Die Handgeschicklichkeit des einzelnen Kindes kann qualitativ sehr unterschiedlich sein. Sie setzt sich zusammen und ist abhängig von den verschiedenen Teilaspekten der Handgeschicklichkeit, wie der Hand- und Fingerkraft, der Hand- und Fingergelenksbeweglichkeit, der Zielgenauigkeit und der Fähigkeit zur Dissoziation.

Wenn die Handgeschicklichkeit eines Kindes gestört ist, zeigt sich dies vorwiegend in qualitativen Abweichungen von der normalen handmotorischen Entwicklung. Ein Kind mit niedrigem Tonus ist auch in Händen und Fingern schlaff und kraftlos. Ein hypertives verkrampft sich, und seine Schulter-, Ellbogen-, Hand- und Fingergelenke sind steif.

Manches Kind zittert oder zuckt beim Malen und kann nicht genau zielen. Ein anderes ist in seinen feinen Bewegungen verlangsamt und schwach oder überschießend und zu derb.

Wenn ein Kind eine verzögerte Dominanzentwicklung, eine schlechte Auge-Hand-Koordination oder Hand-Hand-Koordination hat, führt dies zwangsläufig dazu, daß es feinmotorisch ungeschickt ist.

Manch ein Kind mit feinmotorischen Störungen kann nicht geschickt mit Werkzeugen wie Messer und Gabel, Schere, Pinsel und Malstift umgehen. Dies aber sind wichtige Voraussetzungen, damit es in der Schule die Schrift erlernen kann.

Kinder mit leichten Bewegungsauffälligkeiten und Wahrnehmungsstörungen fallen manchmal erst in der Grundschule auf, da sie große Probleme beim Schreibenlernen haben. Sie können die Buchstaben und Wörter nicht richtig erfassen oder lesbar wiedergeben. Außerdem können sie sich die Schreib- und Leserichtung nicht merken und nicht auf der Linie schreiben. Sie haben keine richtige Stifthaltung, und ihre feinmotorische Koordination ist in den unterschiedlichsten Teilbereichen gestört.

2. Monat	Halten einer Rassel ohne willkürliches Loslassen (Greifreflex)
3. Monat	Greifen nach Spielzeug, das ihm hingehalten wird. Hände öffnen sich
4. Monat	Spiel mit beiden Händen. Hand-Hand-Koordination
5. Monat	Aktives Ertasten sämtlicher erreichbarer Gegenstände
6. Monat	Gibt Spielzeug von einer Hand in die andere
7. Monat	Klopft mit Spielzeug auf Unterlage, schlägt Gegenstände aneinander
8. Monat	Hantiert gleichzeitig mit zwei Gegenständen
9. Monat	Handspiele wie „Backe, backe Kuchen", benutzt Daumen und Zeigefinger zum Pinzettgriff
10. Monat	Ißt mit den Händen, trinkt aus Kindertasse
11. Monat	Benutzt den Zangen- oder Spitzgriff
12. Monat	Baut Turm aus zwei bis drei Klötzen
12. – 15. Monat	Beginnt mit dem Löffel zu essen
15. – 18. Monat	Probiert und hantiert viel, spielt mit der Formenbox
1½ – 2 Jahre	Erstes Kritzeln im Pfötchengriff, zweihändige Verrichtungen, Auffädeln großer Perlen, Bauen eines Turmes aus vier bis acht Klötzen
2 – 2½ Jahre	Zufallsprodukte aus Duplosteinen und ähnlichem
2½ – 3 Jahre	Malt Spiralen, Kreise und Linien
3 – 3½ Jahre	Schneidet mit der Schere, malt Kreuze
3½ – 4 Jahre	Knetet einfache Dinge, benutzt Werkzeuge
4 – 4½ Jahre	Fädelt kleine Perlen auf, malt Schrägen
4½ – 5 Jahre	Schneidet an einer Linie entlang
5 – 5½ Jahre	Kann seinen Namen in Druckbuchstaben abschreiben
5½ – 6 Jahre	Bindet seine Schuhe selber, malt kleine, fortlaufende Muster
6 – 6½ Jahre	Lernt schreiben

Um diesen Kindern mit Entwicklungsstörungen der Handgeschicklichkeit zu helfen, muß die Qualität ihrer gesamten Bewegungs- und Wahrnehmungsfähigkeit untersucht werden. Unterstützende Maßnahmen zu Hause, im Kindergarten, in der Schule und durch eine Therapie können nur wirksam werden und gezielt ansetzen, wenn die ursächliche Störung erkannt wird. Die Kinder müssen die Möglichkeit bekommen, ihr Defizit im Fundament ihrer Bewegungs- und Wahrnehmungsfähigkeit aufzuholen. Nur dann können sie eine bessere Handgeschicklichkeit entwickeln.

Daraus ergibt sich, daß feinmotorische Störungen immer im Zusammenhang mit der Gesamtentwicklung des Kindes zu sehen sind. Erst wenn Kinder mit ihrem Körper eine gute Koordination erreicht haben und alle Sinnessysteme gut integriert sind, kann sich ihre Handgeschicklichkeit differenziert entwickeln. Somit ist es wenig sinnvoll, Einzelsymptome wie mangelnde Handkraft, schlechte Stifthaltung oder unleserliche Schrift zu behandeln.

Ein Anliegen dieses Buches ist, den Zusammenhang zur Grob- und Feinmotorik zu erklären und darzustellen, warum Kinder mit feinmotorischen Störungen zunächst eine psychomotorische Übungsbehandlung erhalten.

Wenn ein Kind wegen feinmotorischer Störungen auffällt, muß von Fachleuten sein gesamter Entwicklungsstand überprüft werden, damit eine geeignete Maßnahme eingeleitet werden kann.

In der Ergotherapie werden mit feinmotorisch auffälligen Kindern meist kombinierte Übungen durchgeführt, welche die Grob- und Feinmotorik in allen Teilaspekten und die Nah- und Fernsinne ansprechen. Erst gegen Ende einer Therapie werden einzelne feinmotorische Fertigkeiten wie Schleife binden, ausschneiden etc. geübt.

Zu Hause sollte jedes Kind Materialien zur Verfügung haben, die seine Handgeschicklichkeit fördern, zum Beispiel Murmeln, Klammern, Muggelsteine, Ton, Schere, Papier, Kleber, dicke Holzmalstifte, Wachskreiden etc.

Selbstgesammelte Naturmaterialien wie Kastanien, Blätter, Eicheln und Vogelfedern regen Kinder zum Basteln an.

Auch das Ausschneiden von Figuren fördert die Handgeschicklichkeit. Kinder legen sich gerne Hefte an, in denen sie die ausgeschnittenen Bilder sammeln können.

Normale Schreibstellung

Schreibstellung mit Schreibhilfe

Fehlstellungen:

a) Ein oder mehrere Finger stützen den Stift ab. Ein flüssiges, rhythmisches Schreiben ist dadurch erschwert.

b) Verkrampfte Stifthaltung, mehrere Finger werden als Stütze genommen.
Es ist keine fließende Bewegung aus den Fingergelenken möglich.

c) Undifferenzierte Handmotorik, die Schreibbewegungen aus den Fingergelenken unmöglich macht.

d) Die Stifthaltung ist verkrampft, und das Kind übt zuviel Druck aus.

e) Das Handgelenk wird von der Unterlage abgehoben, die Hand ist insgesamt verkrampft, und ein flüssiges Schreiben aus den Hand- und Fingergelenken ist nicht möglich.

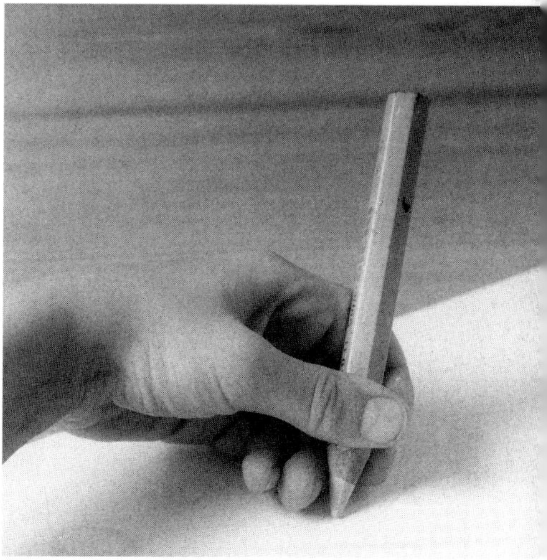

Die Malentwicklung eines Kindes

Alle Kinder malen und bringen damit zum Ausdruck, wie sie sich selber und ihre Umwelt wahrnehmen und erleben. Sie verarbeiten im Bild Erlebnisse und augenblickliche Situationen und offenbaren ihre Lebensfreude, Wünsche, Konflikte und Ängste.

Kinder malen kaum Zufälliges. Ihre Darstellungen sind Mitteilungen, mit denen sie uns etwas sagen wollen. Malen ist ein wichtiges Ausdrucksmittel des Kindes und sollte durch das Bereitstellen von Papier und Farben und dadurch, daß sie mit ihm zusammen malen, gefördert werden. Wie häufig und ausdauernd ein Kind malt, hängt von den Neigungen des Kindes ab und wird von den Eltern dadurch beeinflußt, ob sie selber malen und welche Bedeutung und Beachtung sie dem Kinderbild schenken. Hängen Sie die aktuellen Kinderbilder auf. Da sie häufig wechseln, eignen sich als Aufhängung gehobelte Dachlatten, an denen Sie die Bilder anheften können. Es ist sehr wichtig für Kinder, daß sie auf ihre Werke stolz sein können.

Sammeln Sie die Bilder Ihres Kindes in einer Mappe und versehen Sie diese mit Datum und mit Titel oder mit der Geschichte, die Ihr Kind Ihnen dazu erzählt hat.

1½ – 2 Jahre

Um das zweite Lebensjahr entdeckt ein Kind, daß ein Stift auf einem Untergrund eine *sichtbare Spur* hinterläßt. Diese unerwartete Entdeckung macht es unter Umständen auf der Tapete oder einem Möbelstück und zeigt stolz diese sichtbare Spur seines Tuns. Schimpfen Sie nicht übermäßig! Ihr Kind verliert sonst seine Freude am Malen und vermeidet dies. Es muß erst lernen, daß es nur auf dem Papier malen soll.

Über kreisende und pendelnde Bewegungen *(Urknäuel)* in alle Richtungen entsteht eine sichtbare Bewegungsspur, das heißt, das Kind setzt seine Bewegungen in etwas Sichtbares um.

Es probiert aus dem ganzen Arm heraus die Möglichkeiten eines Stiftes aus. Ab und zu haut es dabei mit ganzer Wucht den Stift auf das Papier, und so entstehen Punkte und Löcher. Durch diese Kritzelerfahrung lernt das Kind, seine Bewegungsdynamik besser zu bremsen und zu steuern.

Zunehmend führt es die Bewegung vom Unterarm, der Hand und den Fingern aus. Neben dem Pendelkritzeln entstehen Linien, Zickzack und Wellenformen. Das Kind bemüht sich, mehr und mehr in einer Bewegungsform zu bleiben.

Pendelkritzeln

$2\frac{1}{2}$ Jahre

Gegen Mitte bis Ende des zweiten Lebensjahres entstehen blattfüllend Spiralen, die meist von außen nach innen schwingen.

Aus der Spirale versucht das Kind, einen Kreis zu malen und diesen sorgsam zu schließen. So entstehen seitenweise immer wieder neue Kreise. Diese Formen benennt das Kind mit Sonne, Mond und Ball. Die Benennung ist anfangs willkürlich und kann sich relativ schnell ändern, wenn Sie etwas später oder wenn jemand anders das Kind nach seinen Darstellungen befragt.

Spiralen

Kreise

3 – 3½ Jahre

Um das dritte Lebensjahr entsteht neben dem Kreis die Urform des Kreuzes, bestehend aus einer senkrechten und einer waagerechten Linie. Durch die isolierte Strichführung kann das Kind klar geordnete, geometrische Gebilde wie Fenster, Türen und Bäume malen.

Urform Kreuz

3½ Jahre

Aus der Kombination von Kreisen und Strichen entsteht der sogenannte Kopf- oder Gliederfüßler. Der Mensch sieht oft aus wie ein Baum oder eine Säule, wobei die Beine zu einer Einheit verbunden sind, auf der der Kopf steht.

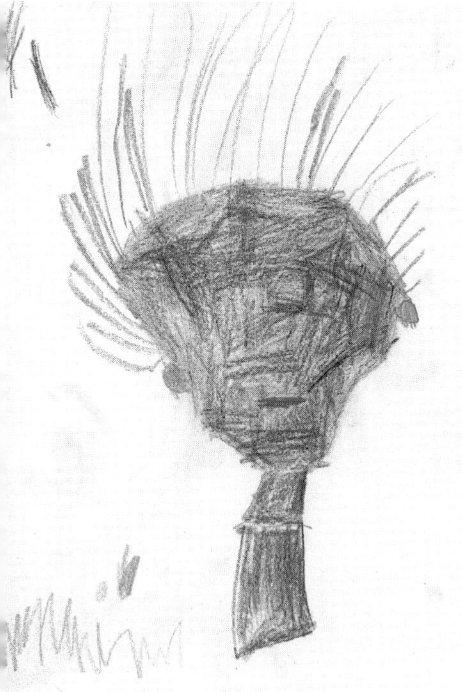

Kopf- oder Gliederfüßler

Arme im rechten Winkel

4 Jahre

Um das vierte Lebensjahr lockert sich diese Gestalt, und die Arme werden im rechten Winkel, teilweise auch am Kopf, angesetzt. Wenn das Kind die Finger vom Arm als etwas Differenziertes erlebt, malt es sie mit unterschiedlicher Anzahl meist rechtwinklig zum Arm. Das Aussehen der Menschdarstellung ist großen Schwankungen unterworfen. Mitunter malt das Kind Einzelheiten, wie Haare, Ohren oder Füße, die auf einem anderen Bild wieder fehlen. In diesem Alter ist das Körperschema des Kindes noch nicht so sicher, und das Kind möchte in jedem Bild Verschiedenes zum Ausdruck bringen.

Im *„Männchen"* malt das Kind bis zur Schulreife unbewußt sich selber, auch wenn es die Figur anders benennt. Es drückt darüber aus, wie es sich selber erlebt und welche Vorstellung es von sich hat, das sogenannte Körperschema. Dies hat nichts mit dem Körperbegriff zu tun, dem Wissen um einzelne Körperteile. Die Menschdarstellung ist somit der dargestellte, erlebte und gefühlte Körper des Kindes.

4 – 4½ Jahre

Das Kind malt Umgebungsbilder, zum Beispiel ein Männchen und ein Haus. Für beides wählt es oft dieselbe Farbe, da es sich mit dem Haus stark identifiziert. Das Haus ist ein Ursymbol für Schutz und Geborgenheit. Wenn das Kind regelmäßig unterschiedliche Farben wählt, läßt dies unter Umständen auf fehlende Harmonie im Elternhaus schließen.

Es gibt jedoch noch *kein Oben und Unten*. Die Gegenstände sind über das ganze Blatt verteilt. Bis zur Schulreife malt das Kind häufig bekannte Dinge aus seinem direkten Umfeld: den Menschen, das Haus, die Sonne, Tiere und Pflanzen. Zwischen vier und fünf Jahren malt das Kind die ersten Schrägen. Sie kommen in Darstellungen von Dächern, Tieren und Kleidern zur Anwendung.

In der Regel malt das Kind ein schmales, hohes Haus mit einem Schrägdach. Wenn es kein Schrägdach malt, ist davon auszugehen, daß es keine schrägen Linien malen kann. Dies bedeutet, daß es keine eindeutige Raumvorstellung von der Schrägen hat. So entstehen Hoch- oder Pilzhäuser. Bei den Hochhäusern versucht das Kind mit jedem Stockwerk erneut, ein Schrägdach zu malen.

Umgebungsbilder

Erste Schrägen

Standlinienbilder

4½ – 5 Jahre

In seinen Menschendarstellungen differenziert es nun ansatzweise beide Geschlechter.

Es malt *Zickzacklinien, Kringel, Wellen und Farbmuster* als Schmuckelemente und funktionelle Einzelheiten, zum Beispiel eine Türklinke. Die Voraussetzung für ein differenziertes Malen wie bei Mustern ist eine differenzierte Form- und Raumwahrnehmung über den ganzen Körper. Unbewußt erlebt das Kind schon beim Krabbeln Formen wie rund und eckig und Raumdimensionen wie groß und klein. Zum Beispiel setzt es sich in eine eckige Kiste oder es durchkrabbelt eine Röhre.

Tiere haben das Aussehen von liegenden oder fliegenden Menschen mit vier Füßen oder Flügeln.

Zum fünften Lebensjahr hin verändern sich die bildlichen Darstellungen des Kindes stark. Es malt die sogenannten Standlinienbilder. Unten ist deutlich der Boden gemalt, oben der Himmel, meist mit einer Sonne. Dazwischen ist normalerweise eine freie Fläche. Für das Kind ist dort die Luft.

5 – 6 Jahre

Zwischen fünf und sechs Jahren hat das Kind verstärkt das Bestreben, Situationen im Bild zu schildern und darzustellen. Nahezu erzählend werden Erlebnisse aus der Erinnerung zu Papier gebracht.

Dabei taucht das Problem der Dreidimensionalität auf. Das Kind beginnt damit zu experimentieren. Teilweise malt es ein Gesicht von vorne und von der Seite gleichzeitig, zum Beispiel

Situations- und Erlebnisbilder

eine Nase in der Mitte und eine an der Seite des Gesichts. Oder es vereint in einem Bild die Aufsicht mit der Ansicht.

Gemalte Personen werden sorgfältig angezogen, mit Schuhen, Schnürsenkeln und Schmuck versehen und räumlich dargestellt, das heißt Arme und Beine malt es durch eine Doppellinie.

Das Kind malt Frau und Mann deutlich unterschiedlich.

Zur Ausschmückung benutzt es kleine Muster wie Zacken, Wellen, Girlanden und Arkaden, die Grundformen der Schrift.

Ein Kind, das beim Malen seine Handgeschicklichkeit gut üben konnte, hat die motorischen Voraussetzungen, schreiben zu lernen.

Bilder von Schulkindern werden in ihrer spontanen, schöpferischen Aussage zunehmend schwächer und geben immer weniger Informationen über das Kind selber ab.

Da das Kinderbild Ausdruck davon ist, wie das Kind sich und seine Umwelt wahrnimmt und diese verarbeitet, können

Dreidimensionalität

damit Entwicklungsauffälligkeiten und Wahrnehmungsstörungen erkannt werden. In jedem Fall sollten Sie mit Ihrem Kinderarzt darüber sprechen, wenn Ihr Kind hinter der beschriebenen Malentwicklung deutlich zurückbleibt oder überhaupt nicht malt. Da Malen ein natürliches Ausdrucksmittel des Kindes ist, sollte die Ursache dieser Malverzögerung oder -verweigerung unbedingt geklärt werden.

Zur Beurteilung eines Kindes müssen Sie immer mehrere Bilder, die an verschiedenen Tagen gemalt wurden, heranziehen. Aktuelle Ereignisse können Kinderbilder extrem beeinflussen.

Durch die Größe, die Farbe und die Anordnung auf dem Blatt treten wichtige Dinge in den Vordergrund. Nebensächliches malt das Kind klein und oft wenig differenziert.

Ein vitales Kind wählt für seine Bilder meist leuchtende Farben wie Rot, Blau, Gelb oder Grün. Ein scheues, unsicheres und in sich gekehrtes Kind verwendet eher gedämpfte Farben wie hellblau, violett und braun.

Geschlechtsunterscheidung – Kleine Muster

Wenn die Bilder Ihres Kindes wiederholt dunkel wirken und es sehr viel Schwarz und Dunkelbraun verwendet, sollten Sie es aufmerksam beobachten. Diese Farbwahl kann ein Hinweis auf eine Erkrankung oder eine beginnende Depression sein.

Auffällige Kinderbilder

Nachfolgende Bilder wurden von Kindern in unserer Praxis gemalt. Sie bekamen die Aufgabe, sich, ein Haus, einen Baum und Dinge, die ihnen zusätzlich wichtig waren, zu malen.

Alle diese fünf- bis siebenjährigen Kinder, bis auf das Mädchen, das das letzte Bild gemalt hat, sind bewegungsauffällig und haben Wahrnehmungsstörungen. Ein halbes Jahr später waren sie zum Zeitpunkt des gesetzlich geregelten Einschulungstermins nicht schulreif.

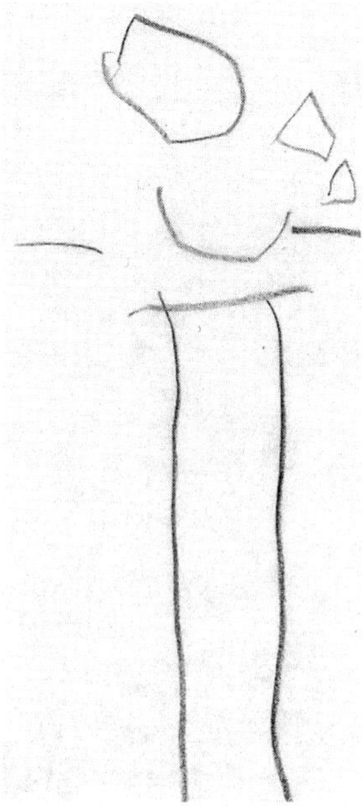

Der fünfjährige Junge, der dieses Bild malte, hat ein wenig differenziertes Körperschema. Er malt zwar die einzelnen Körperteile, hat aber keine innere Vorstellung davon, wie sein Körper zusammengesetzt ist. Haus und Baum wollte er nicht dazumalen.

Beide Jungen, die die nächsten zwei Bilder gemalt haben, benutzten lediglich die Farbe Violett. Ihre Möglichkeiten, die Aufgabe zu erfüllen, sind sehr reduziert und nicht altersgemäß. Das Körperschema ist ungenau und wenig differenziert. Beide Kinder malten keine Standlinie, und die Gegenstände fliegen in der Luft herum, wie dies normalerweise wesentlich jüngere Kinder malen.

Der fünfjährige Junge malt sein Männchen und den Baum lediglich mit Kreis und Strichen. Er kann kein Rechteck und somit kein Haus malen.

Der sechsjährige Junge kann ein Rechteck, aber keine Schräge malen.

Die beiden sechsjährigen Jungen benutzten für ihre Bilder verschiedene leuchtende Farben. Ihre Gegenstände stehen ohne gemalte Standlinie auf dem unteren Blattrand. Die räumlichen Vorstellungen dieser Kinder sind schon besser entwickelt als die der vorigen Jungen. Beide Kinder versuchten ohne Erfolg, Dachschrägen zu malen.

Sie kommentierten diesen Mißerfolg damit, daß sie absichtlich ein Pilzhaus und ein Hochhaus malen wollten.

Seite 153 oben:
Die im Haus herumfliegenden Fenster und Türen zeigen, daß beide Kinder Unsicherheiten bei der Erkennung und Wiedergabe der richtigen Raumlage haben. Das Körperschema ist bei ihnen wenig ausdifferenziert, was an den sehr reduzierten Strichmännchen sichtbar wird.

Seite 153 unten:
Das sechsjährige Mädchen, das dieses Bild malte, hat große Schwierigkeiten, räumliche Beziehungen und die Raumlage zu erkennen und wiederzugeben. Ihre Gegenstände fliegen ohne

Zusammenhalt und nur mit angedeuteter Standlinie auf dem Bild herum. Das Haus ist zur Seite gedreht, und die Tür, die Klinke und die Fenster fliegen ohne räumliche Zuordnung darin herum. Die anderen Farbspuren auf dem Bild stellen den Garten dar. Das Männchen ist für ein sechsjähriges Kind sehr reduziert dargestellt.

Der siebenjährige Junge, der dieses Bild malte, hat ein schwaches Körperschema und sehr wenig Selbstbewußtsein. Er malt sich sehr klein, undifferenziert, nur in einer Farbe und steht nicht auf dem Boden. Das kleine Haus zeigt, daß es ihm wenig Schutz gibt.

Diese Darstellung eines sechsjährigen Mädchens zeigt ein Beispiel, wie ein Kind ohne Bewegungsauffälligkeiten und Wahrnehmungsstörungen die gestellte Aufgabe lösen kann.

Erklärung der Fremdwörter

Akustisches System (gr.) Hörsinn

Auditives System (lat.) Hörsinn

Basissinne Tast-, Gleichgewichts- und Bewegungssinn

Dissoziation Exakte Einzelbewegung eines Körperteils

Dominanz Bevorzugung eines Körperteils auf einer Körperseite

Dysgrammatismus Stellung der Buchstaben im Wort und der Wörter im Satz wird falsch gebildet

Embryo Ungeborenes Kind bis zum 3. Monat

Epikritisches System Beurteilender Teil des Tastsinns

Feinmotorik Kleinräumige, vor allem die Hände und Finger betreffende Bewegungsabläufe

Fernsinne Sehsinn, Hörsinn, Geruchssinn

Fötus Ungeborenes Kind vom 3. Monat an

Grobmotorik Großräumige Bewegungsabläufe des Körpers

Großhirnhälften Die beiden großen Teile des Gehirns, in denen die Sinnesverarbeitung stattfindet

Gustatorisches System Geschmackssinn

Hyperaktiv Überaktiv, vor allem im Bereich der Bewegung

Hypertonie Erhöhte Muskelspannung

Hypotonie Niedrige Muskelspannung

Integration Einordnen in das Gesamtkonzept

Kinästhetisches System Bewegungssinn oder Tiefensensibilität

Körperbegriff Wissen um einzelne Körperteile

Körperschema Körperwahrnehmung, Funktionsbild des eigenen Körpers

Konzentration Fähigkeit zur Sammlung

Koordination Zusammenspiel von Muskelgruppen und Körperteilen

Lateralität Bevorzugte Verarbeitung sinnlicher Eindrücke in einer der beiden Großhirnhälften

Massenbewegungen Ganzkörperliche Bewegungsmuster des Neugeborenen

MCD Minimale Cerebrale Dysfunktion, leichte Hirnfunktionsstörung

Motorik Bewegungsabläufe unterteilt in Fein- und Grobmotorik

Nahsinne Tastsinn, Gleichgewichtssinn, Bewegungssinn und Geschmackssinn

Neurophysiologie Lehre des Nervensystems

Olfaktorisches System Geruchssinn

Optisches System (gr.) Sehsinn

Perzeption (lat.) Wahrnehmung

Propriozeptives System (lat.) Eigenwahrnehmung, Tiefensensibilität

Protopathisches System Schützender Teil des Tastsinns

Psychomotorische Übungsbehandlung Ganzheitlicher Therapieansatz zur Beübung aller Körperbewegungen und aller Sinnessysteme

Sensorische Integration Sinnvolle Ordnung und Aufgliederung von Sinnesreizen im Gehirn, um diese zu nutzen, Wahrnehmung

Stammeln Fehlbildung von Lauten

Stottern Wiederholen und Hängenbleiben an Lauten und Silben

Taktiles System Tastsinn

Tonus Muskelspannung, unterteilt in hyperton und hypoton
Vestibuläres System Gleichgewichtssystem
Visuelles System (lat.) Sehsinn
Wahrnehmung Aufnahme und Verarbeitung von Reizen über verschiedene Sinnessysteme

Adressen von Verbänden, bei denen Sie weiterführende Informationen zu den Problemen Ihres Kindes bekommen können:

Bundesarbeitsgemeinschaft Teilleistungsstörungen, Postfach 450246, 50877 Köln

Elterninitiative zur Förderung von Kindern mit hyperaktivem Verhaltenssyndrom e. V., Postfach 31 51, 71384 Weinstadt

Bundesverband Legasthenie e. V., Gneisenaustr. 2, 30175 Hannover

Beratungs- und Informationsstelle für Linkshänder und umgeschulte Linkshänder, Sendlingerstr. 18, 80331 München

Mögliche Bezugsadresse für abgebildete Schreibhilfe, die für dicke und dünne Stifte erhältlich ist:

Lehrmittel Heptner, Homburger Str. 9 a, 78224 Singen, Tel 07731/26454, Fax 07731/26236

Literatur

Die mit Punkt versehenen Bücher sind für Eltern besonders lesenswert

AYRES, JEAN: *Bausteine der kindlichen Entwicklung.* Springer-Verlag, Berlin, Heidelberg 1984

• BARTH, MARCELLA/MARKUS, URSULA: *Zärtliche Eltern.* Verlag Pro Juventute, Zürich/Schweiz 1988

BRAND, INGELID/BREITENBACH, ERWIN/MAISEL, VERA: *Integrations-Störungen.* Verlag-Maria-Stern-Schule des Marienvereins Würzburg 1988

DEFERSDORF, ROSWITHA: *Drück mich ganz fest.* Herder Spektrum 1991

DEFERSDORF, ROSWITHA: *Ach so geht das!* Herder Spektrum 1993

DOERING, WALTRAUD UND WINFRIED: *Sensorische Integration.* Verlag Modernes Lernen, Dortmund 1990

FLEHMING, INGE: *Normale Entwicklung des Säuglings und ihre Abweichungen.* Thieme Verlag, Stuttgart 1983

• GAUCH, CLAIRE: *Die Macht der Zärtlichkeit.* AT Verlag, Aarau/Schweiz 1990

GÖBEL, HORST/PANTEN, DETLEF, LEHRBRIEF: *Diagnostik der Handgeschicklichkeit.* Aktionskreis Psychomotorik, Lemgo 1986

- Hellbrügge, Prof. Theodor/Döring, Prof. Gerhard: *Das Kind von 0 – 6.* mvg-Verlag, München 1990
- Herm Sabine: *Psychomotorische Spiele.* Der Senator für Familie, Jugend, Sport, Berlin. Fortbildungsinstitut für die pädagogische Praxis, Roennebergstr.3, 12161 Berlin

Kiphard, Ernst J.: *Mototherapie Teil 1 und Teil 2.* Verlag Modernes Lernen, Dortmund 1990

- Leboyer, Frederik: *Sanfte Hände.* Kösel-Verlag, München 1990
- Marbacher-Widmer, Pia: *Bewegen und Malen.* Verlag Modernes Lernen, Dortmund 1991
- Maschmeier, Gisela/Fröhlich, Andreas D.: *MCD-Informationsschrift.* Herausgeber: Bundesverband für spastisch Gelähmte und andere Körperbehinderte e. V., Kölner Landstr. 375, 40589 Düsseldorf
- Pauli, Sabine/Kisch, Andrea: *Geschickte Hände – feinmotorische Übungen für Kinder in spielerischer Form.* Verlag modernes Lernen, Dortmund, 1993
- Prekop, Jirina/Schweizer, Christel: *Kinder sind Gäste, die nach dem Weg fragen.* Kösel-Verlag, München 1990
- Sattler, Barbara: *Das linkshändige Kind in der Grundschule.* Ludwig-Auer-Verlag 1993
- Sattler, Barbara: *Der ungeschulte Linkshänder, oder der Knoten im Gehirn.* Ludwig-Auer-Verlag 1995
- Strauss, Michaela: *Von der Zeichensprache des kleinen Kindes.* Verlag Freies Geistesleben, Stuttgart 1988
- Tikkanen, Märta: *Aifos heißt Sofia.* Rowohlt Taschenbuchverlag, Hamburg 1987

Ulbrich, Ingrid: *Auditive Wahrnehmung und Sprache.* Verlag Modernes Lernen, Dortmund 1989

- Urner, Erika: *Kinder sprechen in Schrift und Zeichnung.* Verlag Orell Füssli, Zürich und Schwäbisch Hall 1983